COSMIC
GARDEN
Forerunner

The Portal to Cosmic Consciousness

劃時代的先驅催眠師

《監護人》、《生死之間》、《地球守護者》作者

Dolores Cannon（朵洛莉絲・侃南） 著

THE SEARCH FOR HIDDEN SACRED KNOWLEDGE

從未失落的光明

探尋神聖知識的旅程

下

Stephan＊梅西爾 譯

園丁的話

寫這篇「園丁的話」心情是沉重的。

就在這本下集終於終於要付印的前兩週，得知有位早期的量子療癒催眠法的學員設了另一個臉書，名字是「QHHT量子催眠」。

沒有任何個人名稱，沒有個人名字。使用户名就是「QHHT量子催眠」。就表達的意義而言，儼然她就是「QHHT量子催眠」官方臉書。

彷彿QHHT是她個人所創和專屬。

然而，此人長期以來的臉書帳號便一直放有QHHT催眠字樣／圖和個人名，前陣子又加設一個完全沒有個人名字的「QHHT量子催眠」，動機不言可喻。

其實也不知她設多久了，如果不是因爲有人質疑此行爲並告知，我也不會知道。要謝謝通知的人，因爲設此臉書帳號者已一再犯規，違背朵洛莉絲的教導。此風不可長。

收到告知後，我聯絡她，請她加上個人名。因爲QHHT不是她的專有名，若使用，後面必須加上自己的名字。把QHHT當成個人專有名帳號使用，是侵犯了美國官方的權利和台灣其他學員的權利。

在聯絡過程中，她的小我的反射性推拖又出現了。雖然最終加上了她的個人名字，但過程也令我有更多感觸。

我非常尊重和珍惜每位操作者爲學習催眠付出的心血，因爲只要多一位好操作者，就可以多幫上一些需要幫助的人。我因爲情面，這些年來，對於她某些明知故犯之處，知道後都私下婉轉提醒，一直以來對她循循善誘，結果她的小我卻只是更變本加厲，也變得狡猾。前陣子無意間發現她不誠實的話說得有如反射動作，才知道原來她先前的修正只是表面，只是虛與尾蛇。我因此好好反省了自己的方式。委婉提醒和一再包容或許眞的不適用在每個人身上，因爲我看到了她的頑強小我如何更懂得以愛的面容和話語僞裝，並美化包裝對外的虛假形象——這是負面的進化。

當一個所謂的身心靈工作者，被個案稱作老師的人，不誠實面對自己，也對自己的工作不誠實，且一再說謊卸責，試問，她會誠實對待個案嗎？

朵洛莉絲．侃南說的很清楚，她教導的催眠法是和SC（也可稱高我）連結的方式。高我不是源頭，而且SC／高我是有層次之分的。如果曾有QHHT操作者告訴你，你連結的是源頭，是源頭透過你說話（這樣說的目的或者是想表示自己很厲害，其他操作者連的是SC／高我，她則連的是源頭）；如果有任何操作者在面談時努力要把你弄哭，試圖挖出你很不想談的個人隱私，或是探討跟你的催眠問題和目的無關的事；或談論自己如何如何；如果操作者會明示或暗示她／他可以通靈，能聽到「祂」說什麼什麼，或你的指導靈跟她說要你上她開的什麼什麼課；如果操作者在面談時或是催眠後的談話是以諮商和指導者的角色說話，那麼這不是在執行QHHT，這樣的行爲不但很不專業，而且嚴重背離了朵洛莉絲的教導。這樣的人有操弄人的特質，要非常小心。網路上也有太多文字是包裝後的假象。

雖說訪談時個案如能敞開心，對於後面的催眠確實會有幫助，但如果個案不想說細節，或是跟催眠想了解的事無關，不是非得要說，因爲一個眞正的QHHT操作者知道，只要對個案有幫助，進了深度催眠狀態，SC都會說出來。而向個案暗示或明示自己有通靈力這點，除了偏離教導，在心理層面和力量而言，這會使她/他能夠主導/掌控那些心智較弱或正迷惘的人。另，若眞會通靈，直接通靈即可，不要以朵洛莉絲．侃南的催眠法和她的名字幫襯自己。每個人都一定有些直覺力或靈感，但這並不是一般說的通靈。有些人或許有敏感體質，但這也不能直接跟通靈混爲一談。

源頭這事她被要求修改，她也改了，但她的處理方式和過程，讓我失望地發現我很難再相信她說的話了。我當時想，她已經走偏，但仍希望在被善意提醒後，她能夠調整回來，不要再那麼臣服於虛妄矯飾的小我。我也想起這些年的一些事。沒想到，又來一個臉書事件。

我不想也不會抹煞她曾經的努力，我相信她一定幫上過一些人，也認爲她仍會吸引到一定的個案。然而，從另一個角度來看，我看到的是一個小我的負面進化，這樣的小我現象也會在很多人身上看到。寫出來可以提醒追尋成長，走在靈性道路的人，時時覺察反思。從她身上，我看到一個人如何塑造不實的自我形象行銷自己，如何用美化的假象對外呈現以獲得她渴望的認同和讚美，而透過假象得到的他人歌功頌德般的小我養份，讓她更無法清醒，更喜歡也更深陷於這個假象，並且繼續營造，於是小我又被滋養得更頑強和狡滑的循環。

要跳脫這個循環，關鍵在於自己。自己若不想醒來，（是眞的醒來，而不是嘴上說說，）旁人再多的提醒也是徒然。事實上，我們無法改變別人。沒有人能改變任何人，除非那個人自己願意改變。所以一個人如果能有所改變，最該謝的其實是自己。

回想當年，因爲想給學員一個值得回憶的一刻，所以特別請美方先將學員證書印好，快遞寄來台灣，讓我能至少在最後一天拿到，安排朵洛莉絲・侃南親手頒給每個人，並且拍照留念，讓學員記得那一刻的傳承意義。

在此前，世界各地的學員是在上課後，由美國郵寄證書給個人，因此朵老師頒證的照片特別有紀念性和意義。而這位學員在臉書高放著那張珍貴照片，卻遺忘和違背正直無私的朵老師的教導……令人失望。另一件令我思考的事：她都會看宇宙花園的書，所以，不只內文，書前的園丁的話，有時還有園丁後記的那些叮嚀也都白看了。

一直以來，看到身心靈圈某些人的虛假和貪婪，我會覺得出這些書有用嗎？有多少人眞的看進去了？那些人如呼吸般自然的貼上別人的心血或用國外的東西再修改一些，就當成自己的使用。連基本的做人道理都不遵守，說得一口好聽的話，大言不慚地扯謊便呼嚨了一堆人。

靈性知識是一門專業，但又有多少所謂的老師並沒有教學資格，爲了虛名和利益，只是把上過的身心靈課和看過的坊間相關書籍內容，加上自己錯誤的認知，整理爲教材就當起「老師」收高費了，而他們也以爲自己眞的是老師了……無論如何，我已學會不受這些影響，這也算是成長吧！

小我並不是壞東西，小我是人類在進化旅途中的忠實同伴，它是每個人的一部分。我們只是要學習馴服小我，善用和轉化它的某些性質。這也是一種「煉金」。比如，好勝心可以用來督促自己進步，而非因妒嫉或羡慕而暗地傷害別人。

寫這些雖是因QHHT某操作者個人的偏差行爲和對身心靈圈一些亂象的感概，但其實我們每個人都可以從中有所省思和學習。而最近一些事也讓我有很深的領會。當能量偏斜了，要校正回來，是很耗時的（難怪亞特蘭提斯會毀滅）。不論是做什麼事情，都要保持客觀和眞實，忠於所收到的訊息。當不是事實的話說多了，就會分不清眞假是非；當心存僥倖心態所做的不光榮的事，因不被或還未被揭穿，做起來就會越來越自然；當享受到因此而來的好處，行徑也就會越來越偏差。看似無傷大雅的小惡做多了，不知不覺，心就偏了。要把能量校準回來，恐怕要付出的是累世的時間，因爲說不實的話，做虛假的事，都會再將你牽引回地球。

因此，很有必要再提一次，「勿以惡小而爲之，勿以善小而不爲」。因爲順從小我追求外界掌聲和名利的虛榮渴望，而寧可做出不正直不誠實的事，這是讓靈魂蒙塵。

另外，在催眠時，記得，是SC在做工。操作者的任務是引導個案進入出神狀態，在整個過程中，包括SC成功出現後，操作者的穩定和隨機應變都很重要。當然，在過程中很可能雙方都因到達同樣的頻率，操作者能感應到被催眠者的感受，但不必因此認爲自己很厲害，因爲這是件自然的事。而操作者不僅在過程中要有效讓小我／自我意識／左腦不干擾個案，不妨礙高我，操作者自己的小我從面談到結束也有必要「迴避」，不加入個人情緒地爲個案服務。

量子療癒催眠法的操作者也不要因一些個案的討好吹捧就覺得自己很厲害，要避免被掌聲沖昏頭。也不要自傲於自己是在幫人，自己好棒，好有愛。事實上，當你在協助個案取得高我提供的資料的同時，你也有所學習，在某個層面來說，你幫助了個案，你也因此從不同的人生故事裡學習和成長，這是這個工作最大的寶藏，所以操作者也是受益者。

電影《怪獸與鄧不利多的秘密》裡有句話：「做正確的事，而非容易的事」（Do what is right, not what is easy.）。人類社會若要提升振頻，我們都該做正確的事。共勉之。

contents 目次

親愛的讀者：

我的母親完成這本書不久就離開了這個世界，進入另一個時空。過去這幾年，她除了致力於撰寫這本和其他幾本書之外，也花了許多時間發展量子療癒催眠法（QHHT）的訓練課程，並親自督導全球各地的量子療癒催眠工作者，磨練他們的技巧，以確保她畢生工作的心血能透過他們及未來的學員傳承下去。她在地球上的最後時日仍堅持「對知識的探索及追尋」必須繼續，她並且保證她會在「另一邊」協助我們。我很高興跟諸位報告：她做到自己的承諾了。

愛你們的

茱莉亞・侃南

謹以本書獻給所有在「光」中工作，帶來知識的人，
特別是全球各地執行我的量子療癒催眠法的操作者。
謝謝你們帶著愛工作，提昇我們全體的振動。

第十二章　資訊飛球

貝蒂是能量工作者和老師。她來催眠的目的是想更瞭解自己的人際關係，最重要的是想知道她的人生使命。

貝蒂從雲端下來後，在一個看來是精心設置卻又感覺違和的沙漠場景。沙地上有一條綠色的長地毯向外延伸，很類似我們鋪給重要人物走的紅地毯。地毯通向一座小金字塔，金字塔入口的上面有個遮篷，由兩個大理石柱支撐。貝蒂看到自己是暗膚色的男性，穿著典型的熱帶地區的白薄紗服裝，腳上是精緻的金色涼鞋。這裡還有很多人，他是活動的統籌者，忙著準備接待即將抵達的顯要人士。「這是個特別的地方，不是所有人都可以來這裡。我覺得這個小金字塔是個禮堂，辦儀式的場所，或許跟知識有關。只有特定的人才能來。我不是僕役，聽起來太卑微了。我負責安排這個活動。出席的人平常不會來這裡，他們來自很遠的地方……我想要每件事都妥當地進行。」她突然間進入觀察者的模式：「那個我，是個很無趣的人。他有點太挑剔了，可是有效率。我都不確定我會不會喜歡這個人，並不是說他令人討厭，而是……我知道怎麼了。他太重細節，在小事上瞎操心。」接著她回到那個男人的身分繼續敘述：「在後面遠一點的地方有一些人，他們才是準備食物和冷飲的僕役。我看見一盤盤很有特色的美食。我必須協調所有的事；控制時間、什麼人該做什麼、誰該坐在哪裡，一切要很正確才行。這個金字塔雖然小，但被認為是知識的殿堂。」

儀式的主角開始抵達。「他們來了。他們很特別，很高貴。我想他們很可能也受人崇拜。他們非常非常重要。有兩個人，兩個都很高很瘦！其中一位戴著頸環在她的脖子。他們的頭小小的，看起來很異國風情，像是沙漠民族。我不知道為什麼我會這麼說，但她是努比亞人（Nubian）。他們像是必須來這裡進行官方的朝聖，或許這裡是個聖地……他們現在在遮篷下。他們穿著窄長的服飾，很有風格。有意思的是你幾乎看不出他們在走路，看起來就像用飄的一樣。還有一位男士出席，同樣修長，頭也小小的。他們的頭髮沒有剃光，但修剪得很短。他們的皮膚是橄欖色帶點金。女士的眼睛是灰和金色。她是兩個人當中重要的那位。她很安靜。」

朵：他們是怎麼到這裡的？

貝：我不知道。沒有馬車或馬之類的東西，我不知道他們坐哪種交通工具來的。他們就這樣出現了。在現代我想我們會說那是「瞬間移動」。他們就這樣出現，但我一點也不覺得有什麼不尋常或訝異的。我跟你說……她的寵物裡有一頭獅子。她的皮膚看起來是淺褐色，眼睛幾乎是灰綠色。那是很不尋常的眼睛，看起來像一般人類，但顏色很震懾人。她的舉手投足像是皇室或受人敬奉的階級。我想他們以前看過我，知道我有效率而且會處理所有的準備工作。我是統籌者，負責迎接他們。她很擅長心靈溝通。她很特別。我相信跟她一起的男士是她的兄弟，但她比較重要。我事實上曾經看過有人以她的樣子做成花瓶，真是奇怪。他們好瘦長，脖子和小小的頭圍著飾帶。有一個長瓶子就幾乎是同樣造型……我知道她跟愛西斯有關。拜訪神殿是他們的官方角色需做的事。我相信這些神殿或聖地多少有供奉的功用。不論他們的身分是什麼，他們的階層很高。有趣的是我看不到他們的手臂，他們披著淺褐色的布，蓋住了肩膀和手臂。這是為什麼我看他們的身形就像個花瓶。

朵：他們要在金字塔裡面進行什麼事嗎？

貝：是的，他們來祝福金字塔。這個儀式必須有食物和飲品。盤子上放了些鳥蛋和水果，準備的每樣東西都很特定。程序，就是這個字。需要遵守的嚴格程序，規定。程序大師。那些蛋被放置在孔雀羽毛上。他們也必須以特定的方式參與儀式。她用左手，他用右手。他們必須喝酒。（輕聲地說）這真的好怪。這座金字塔裡有文字書寫的知識，這個金字塔簡直就是一本書。這個儀式每年都會進行。我不會說是在橢圓的（elliptical）……，但跟天文上的特定時間有關。當特定時間到了，他們就會來。他們知道在哪裡讀取資料。我不知道這是怎麼運作，但就像是牆上有很多條狀區塊，而上面有文字或圖畫可以讀一樣。

朵：你的意思是那是刻在牆上嗎？

貝：對。而且她讀的是特定的區塊。她知道在哪裡。它從牆上出來，就像個架子？……那些資料是加密過的。她讀的方式就像是在預言和宣布。這個方式非常非常古老，非常儀式化。就像你們在新年會預言當年的收成，還有任何不尋常的星象上的事件。這個儀式很重要。

朵：所以她就只是讀特定的部分嗎？

貝：對。但那是經過加密編碼的，她是唯一知道怎麼解讀的人。很有意思，我不知道為什麼我會看到這個畫面，不過這個條狀區域大概（用手比著範圍）有四或五英吋寬。它從牆面出來，像個書架，然後架上就放著這本巨大的書。書大約三呎高，乳白色的頁面。整本書翻開大約三呎寬。因為她又高又瘦，不必把書從架上拿下來就可以讀。她可以站著翻頁，不過那兩頁好大。當東西在特定的順序，他們就知道那一年會發生什麼事。我雖然看得到這些畫面，但我不知道書裡是些什麼，不知道是怎麼運作或發生的，但她知道。我想她的教育程度非常非常高。她是研究這個的，從小就被培養，她知道怎麼做。她瞭解。如果這是一種宗教或文化，或一種知識的話，不論是什麼，她就是這方面真正的代表。

朵：她看過以後要做什麼事嗎？

貝：那是那一年的公告，公告那年會如何，也就是預言。

朵：她是唯一可以讓那個放書的架子出現的人嗎？

貝：我只看她做過。必須是在這裡才行，因為這個地點。這個公告要在很多官員面前讀出來，然後再傳達給人們。這跟崇拜太陽也有關，因為愛西斯。她有一枝木頭做的長筆。這個程序非常、非常正式。書頁有一部分像是軟銅或青銅。她必須在頁面上正式做上標示和記號。

朵：表示她讀過了。

貝：沒錯。這是很正式的程序。我認為這跟天文學的計算有關。之後她有一段時間不會回來。我想他們知道會發生什麼事。

朵：她完成這些之後，那本書呢？

貝：書回去了。她是唯一能打開的人。我不知道她是怎麼做的。

朵：所以書回到了牆裡？

貝：對，金字塔的牆。架子從牆面出來的地方是軟銅。當架子出來時，她做了件很有趣的事。她從身上某處，還是袋子或什麼的，拿出一個特定的寶石。一個長方形的，我們稱為祖母綠切割的寶石。書出現時，她把這個寶石放進一個經過加密的地方，這會有啓動的作用。在右側有個插入寶石的小槽。

朵：也許她一開始能讓架子出現跟這個有關。

貝：有可能。

朵：那麼在她把書收起來之後呢？

貝：她取得資料後便做宣布，這是很正式的儀式。他們還必須去其他地方。我不認為她就離開了；她還要跟官員們說話。她的話不多，她聽他們說。她有很強大的心智力量，很驚人。

朵：她必須把訊息告訴他們。

貝：沒錯。這是非常正式的事。

朵：然後你的工作就結束了？

貝：對，我就是必須遵照嚴格的程序，照規定去做。確定一切都順利進行。

朵：他們完成後就離開了嗎？

貝：他們離開了，但這又有趣了。他們好不真實，我沒看到他們走路，他們就像是飄著離開似的。很有意思的人。非常神秘，而且很長一段時間以來都是如此。

朵：那他們是怎麼離開的？

貝：這我看過。他們（語氣驚訝）在晚上旅行！我甚至懷疑他們是不是上了一艘船……不是海上的船。我懷疑他們是不是坐——喔，今天我們會說是外星人的船，但那是太空船。

朵：所以他們不是靠駱駝或商隊的篷車旅行。

貝：不是，他們太先進了。那些是普通人的工具。

朵：那麼他們離開後，你的工作就完成了？

貝：對。而且我甚至不用把金字塔上鎖。是個很高階的人關的。我不知道門要怎麼開或關，真的。門是滑動的。完全沒有一點縫。但我要確定遮篷有收下來，而且是跟地毯放在一起。

當他的工作完成後，他回到城市。「我不認為我有跟任何人住在一起。我很安靜。現在想想，我甚至不確定自己是不是能說話。也許有個理由可以解釋我的安靜……我想我不能說話。我不知道我的舌頭是不是沒了。我是個完全沒有聲音的人，這對他們有利，我能保守秘密。」

所以這是為什麼他們不介意讓他觀看一切的原因。他無法對任何人說他看見的事。

我的著作《迴旋宇宙》系列有個故事提到亞特蘭提斯的一些倖存者到了埃及，他們把聖物藏在金字塔的牆裡，然後將它隱形，只有振動頻率正確的人才能看到並開啟放置聖物的那部分牆面。

這個男子在城裡的一個圖書館工作。「我想圖書館在象徵上就跟我們的建築（指金字塔）一樣。它不真的是座金字塔，但有些那樣的形狀和拱門，而且這是光的地方，儲存了紀錄和知識。我必須檢查東西的編碼正確。這是我喜歡的工作，但對別人來說也許不是。

這個工作會讓人覺得自己做的事很重要，但他只是在做他擅長的事，就是這樣（譯注：個案以觀察者的角度說話）。我比較像是記錄的圖書館員（譯注：個案又脫離觀察者的角度，以第一人稱說話）。這個工作很忙碌，一直要事要做。我看到晚上自己在房間裡，點了蠟燭，有盤美味的葡萄和水果。我過著獨居的生活。」

朵：你知道怎麼讀圖書館裡的東西嗎？

貝：我並沒有讓自己沉浸在閱讀裡，因為我要確定一切事情井然有序就夠忙的了。這個工作有很多事，很花時間。我喜歡自己的安靜時刻。坐在桌前，點根好蠟燭，享受我的夜晚，吃點水果和麵包……享受獨處，不必那麼忙碌。這個空間的東西不多，但也不是沒有裝飾。這裡很好。我這個圖書館員幾乎就像個修道士。處理資料是重要的工作。非常忙，把事情做好很重要。整天工作，還要籌辦不少特別的活動。這是個重要的工作。

我決定把他移動到重要的一天，因為他的工作並沒有什麼變化。當我移動他時，他蛙跳了。當個案突然由一個前世跳到另一個前世，我稱之為蛙跳。貝蒂到了不同的身體，不同的地點。她看見自己是個小女孩，跟其他人站在一個神殿前，神殿位在一個平頂金字塔的最上方，她正往下看著聚集在底下的人群。她身邊有個男子，看得出是祭司。祭司赤裸著上身，全身塗滿紅色的顏料。她說他似乎是馬雅人，有著馬雅人的鼻子，齊眉的黑色直瀏海，頭髮緊貼在頭上。他很戲劇化，情緒激昂，做出憤怒的手勢，試圖讓群眾感到害怕。她站在一位顯要人物的旁邊，那個人是她的父親。現場叫喊聲不斷，但她說那是儀式的一部分。「祭司就該是那樣激情和激動。如果你不知道，你可能會被嚇到。我正在接受訓練，我將來會當祭司。」

朵：你知道這個儀式的目的嗎？它的意義是什麼？

貝：我想時機是最重要的，這跟天文現象有關，所以時間很重要。這次是要取出一個聖物。它被保存在一個手提的小木盒裡。這個聖物是一個受人敬重的人的手，看起來又乾又黑。現在他們拿著像是綠松石的球體。這個圓形物體看起來很奇特，但令人敬畏。在這個文化裡，人們的生活受儀式支配，這個文化如果是馬雅型態，便是極度被儀式支配。這裡也受球體的支配和影響。

朵：你的意思是……？

貝：在另一世有金字塔，但這一世是圓形球體。我看見它們現在從天空過來了。玻璃球體。球體很重要，有很多種用途。它們能傳送訊息。我看見的這些很像是漁夫掛在漁網上的玻璃浮球，但它們能傳送訊息。我看到它們飄過天空。我看到他們的手上拿著圓球，但接下來看到的地方卻一個人都沒有。那是破曉第一道曙光的時候。球體正飛越天空，雖然到處充滿綠意，但空氣中有股寒意。黎明時有點冷。有位信差在收那些圓球。

研究顯示，世界各地有許多漁民曾經使用玻璃浮球來保持漁網和延繩釣線漂浮在水面。一大群串在一起的漁網浮在海面，有時可長至五十英里（譯注：約八十公里），它們是由空心的玻璃球或含有空氣的圓柱體賦予浮力，支撐在水面上。

朵：這些球體靠近的時候，看起來是什麼樣子？

貝：看起來像是清澈的玻璃或可樂瓶。它們是透明中帶綠，白綠色的外觀。你不用打開圓球，因為訊息就寫在玻璃上。你必須把它拿高，轉動它，這樣就能讀到上面的字。圓球現在來了，上面有訊息。信差接收圓球，但他們不讀訊息。他們只是把球送到官方讀訊的地方，由一位階層較高的人讀訊。有趣的是他用一種紅光在讀。用紅光很容易就能看到訊息。他邊轉動圓球邊讀訊息。上面的東西看起來像是反著寫的。我想是文字，我也認為是程式。我完全看不懂。

朵：所以較高階的那個人負責讀球上的訊息，而且他能瞭解？

貝：當然。他就像是長者、智者、科學家這類人。不過他工作的房間裡有紅光，紅光易於讀訊。

朵：所以就看得見訊息了。

貝：對，就是這樣，謝謝。它們看起來是玻璃球，透明的白或可樂瓶的綠，但你用紅光一照就能看見上面的訊息。

朵：那個人讀了訊息，然後呢？

貝：他就像科學家，他會計算，這個球給了他需要的資訊。我認為這個資訊跟採礦和政府事務有關，我想是跟礦石或礦物有關。這是這個地區的商業，看得出這是個富裕、有秩序的社會。我也認為這個地區是為了礦產和商業交易而採礦。我想他比較是把資訊用在「煉金」（譯注：alchemical，指透過化學方法將一些基本金屬轉變爲黃金）的方向……這個字用得很好。我認為玻璃球是來自他在山上礦區的代表人，他們把資料寫在玻璃球上再送出來。我不知道玻璃球的推進力是如何運作，我根本無法想像。這些球是紀錄，他把球都存放在他的木頭架子上。

朵：所以他沒有把球送回去。他把球保存起來。

貝：對。

我決定是請潛意識來解釋這兩世還有它們與貝蒂的關聯的時候了。我詢問金字塔和看到前來解讀資訊的女子的那世。「為什麼你們選擇那一世給貝蒂觀看？」

貝：我們知道她需要研究，就給她這些東西。她需要編纂收到的東西並用文字的形式呈現，我們要她知道她有這方面的背景。她有協調的能力，她在這方面很有效率。她做得來。她處理過高階知識。她整理過這些知識。她也有另一樣事物的背景，所以能看出這些是寶石，就像那位女士使用的寶石一樣，這些寶石就在她面前。展現它們吧！它們是彩色的，要記得，它們也編碼在人們的DNA裡，所以DNA裡已有豐富的編碼。而身體能夠接收這些資料。身體也像個容器，它能接收和儲存。

我相信潛意識是指貝蒂在進行療癒工作時使用的水晶和各種石頭。「這很容易，她的身體已為接收做好適當的準備了。」

朵：那位能解碼的女士……她是從哪裡來的？

貝：她跟貝蒂有類似的恆星背景。我想是恆星家族。

朵：因為那個男子並沒有看到她是怎麼來或離開的。她好像就這麼出現了。

貝：是的，她就這麼出現了，像用飄的。我想她大概有外星人背景。

朵：那麼你的意思是貝蒂是來自一個恆星家族？

貝：她來自編碼恆星家族。

朵：你可以解釋這句話的意思嗎？

貝：這個家族有它的歷史背景。它被編碼在恆星系統裡的特定象限。對，該說是恆星系統，這麼說比較正確。我們有行星的家族，所以在某個意義上來說，她的背景是特別設計過的，這是為了她處理所收到的訊息。這對她會很容易。而且她也能做「解碼器」的工作——是這個字沒錯——跟解碼器同樣的工作。

朵：那麼每個恆星家族都有他們特定的工作？

貝：他們做特定的工作。本質上來說，他們被設定向一位恆星大師（Star Master）報告，恆星大師是在恆星系統裡的一個區域或象限的某人，這跟知識的編碼有關。它不是什麼不尋常的編碼方式，它是圖書館員用的方法……這是很好的描述。宇宙裡有擔任信使的人、靈魂、存在體……他們的角色類似容器，攜帶著某些東西。他們有特定的工作要做。貝蒂其實需要「出櫃」。她意識上並不知道，但她向恆星大師報告工作。

朵：你的意思是……？

貝：她是揚升和關愛的一個分支。幾乎是在細胞層面了。血脈。揚升者。一個知道如何接收、書寫和報告的熟練信使，但也具有恆星大師的一些特殊血統。

朵：她什麼時候向他報告？在晚上睡覺的時候嗎？

貝：是的，在沒有意識的時候。她在意識上完全不知道。當晚上睡覺能自由接觸到不受限制的心智時，就是她報告資料的時候。

朵：為什麼給她看第二世？那個看起來像是南美洲人，有玻璃圓球的那世。你們想告訴她什麼？

貝：第二世也跟研究有關。他們有較高階的天文知識，也有很好的傳訊系統。他們說心智知識很容易以編碼的連串循環訊息發送，很容易透過大氣傳送。所以在這個文化裡，實體上是以玻璃球傳送，但他們也以密碼的形式以心智傳送資料。傳送連串的知識很容易。

朵：那麼玻璃圓球是怎麼運送？

貝：它們是在能量流上。就跟你們投棒球一樣，只是這些圓球可以行進一段長距離。基本上是以意志操作，用意志力。

朵：所以他們是用他們的心智將訊息放進圓球裡？

貝：訊息事實上是寫在球上，但是是靠意圖和意志力傳送。他們學過怎麼操作，而且非常在行。這不是一般人做的事。(要有)意圖和意志。有些圓球會脫離能量流掉落下來，不過這就是有趣的地方。如果有顆球掉在地上，而且沒有破掉，你也無法解讀。有幾個人發現過這些球，但就算把球拿高、靠近火，你也讀不出來。必須是那種紅光才行。你們今天是怎麼叫那個光的？那個紅色光譜。他們可能以為那是很特別或甚至神奇的玻璃球，但也就只是收藏起來。

朵：所以你們是要讓貝蒂再一次知道她必須處理知識跟資訊嗎？(指看到的第二世)

貝：是的。我們希望她知道她在接收內含許多訊息的資料，她具有解讀這種資料的能力。她可能某天醒來有很棒的想法，卻不知道這些想法從何而來。我們確實向她傳送專門的訊息。

朵：所以她那些很棒的想法事實上是來自你們，這麼說正確嗎？

貝：完全正確。她是恆星家族的後代，當我們說她有那個血脈就是有那個血脈。她是家族的一份子，這是她為我們擔任的多重任務角色之一。她把訊息傳送回來，但她並不知道自己在這麼做。我們從很遠、很遠的地方查看她在哪裡，過得如何。能量線是相連的。她現在在教她需要教導的東西。我們希望加快她的速度（貝蒂已經在教導如何使用能量）。我們還有其他的事要她做。她現在在做的是我們希望加強的事，這是為什麼她全身都在痛。如果她不退縮，一切會容易許多。她在抗拒。

她被告知要寫作，並且經常旅行，尤其是去斯堪地那維亞的北歐國家。她會使用能量來平衡和淨化當地的水。他們催促她要快點開始。

貝：你們兩個有一個共同點。那是你們攜帶的訊息，但也是你們攜帶的能量。這叫「連連看」（譯注：指整合各種相關資訊和細節，了解事情全貌），叫做「站在大眾面前」，叫做「你們所在之處就是你們自己的殿堂」。你們站在人們面前，給他們整理過的知識，同時也在能量上連結他們。這是為什麼可以想像你們兩人站在兩千個人面前並在能量層面上連結他們。當你們更進步了，你們可以站在一萬個人面前。你們投射能量波給觀眾並透過能量連結每一個人。他們聽你們說的話並且學習。但他們真正的學習方式是透過能量層面。這是你們這樣的人的共同點。你們很容易就能開啟人們身體編碼部位的放大器，而且增強它們。每個人聽到的頻率都有些微不同，他們認為自己得到了一些不同的東西，這些會加在他們的資料索引卡上。即使你認為你的旅行是隨機性的，你都在透過飛行的模式在地形上進行能量傳播。她可以從自身已經加密編碼的資訊裡挖掘出資料。她可以從內在挖掘出資料，不會有階層的障礙（hierarchy barrier）。她年輕時害怕失敗的恐懼不再是阻擋的路障。那已經在火裡燒成灰了。它們是不能再播放，已經沒有用處的老舊錄音帶。

★ ★ ★

研究揭露，哥斯達黎加一直有許多奇特的球狀物。這些球體有各種大小，但它們事實上是岩石而不是玻璃。關於它們的來源有著許多神秘傳說，包括它們是來自亞特蘭提斯的說法。這些岩石呈現出完美的圓弧，令人無法解釋它們究竟是如何形成或打造出來的。

第十三章　水晶頭骨

我有一次在維吉尼亞州開催眠課，接下來的催眠內容是取自最後一天的課堂示範。我那時在上課的最後一天都會挑選一位學生示範催眠。我事先從不知道我會選上誰，當然也不知道會是什麼情況。通常這對被選上的人來說並不容易，因為那個人必須在眾目睽睽下被催眠，就像身在我所說的「金魚缸」裡。他們在大家面前會緊張，而且事先毫無準備。我也緊張，但我已經學會要信任「它們」，而它們總是引領我選出最適合的催眠人選讓班上的學生學習。

黛比進入的第一個場景是日落時分，她因此不太能辨認出環境，不過她有感覺是在南美洲。起初她以為自己是在一個洞穴裡，接著她發現那是個地道，入口處垂掛著透明薄紗的通道。「它通往一個金屬門。我有鑰匙。我把鑰匙掛在脖子上的繩子。」

朵：你是唯一有鑰匙的人嗎？

黛：我是很少數之一。別的人不能有鑰匙，他們不被允許。那個門上有個很大很重的鎖頭。

很特別，非常華麗。這把鑰匙很大，跟大鎖頭和厚重的門很搭。這樣才不會被人闖入。這是個隱密的地方。大多數人不知道這個地方。

朵：你大概來這裡很多次了。（對。）這次我也可以進去，是吧？（可以。）那就讓我們用鑰匙把門打開。門裡面是什麼？

黛：是一個存放寶藏的房間。有各種特別和神聖的東西。有像是古代的手稿、羊皮紙和卷軸。這還不是全部。房間裡有個真人頭顱大小的水晶頭骨，它像個臺座一樣放在房間中央的桌上。

朵：這個頭骨是你做的嗎？

黛：不是，我是它的守護者。我必須保護這個房間裡的東西。

朵：你知道頭骨是誰做的嗎？（知道。）你可以告訴我嗎？

黛：頭骨是給我們的。從古代傳下來的。來自一個被摧毀的城市。不過頭骨安全地保存下來了。

朵：你知道這個城市是怎麼被摧毀的嗎？

黛：知道。因為各種地球變動，還有火山爆發。

朵：這是發生在你現在住的國家嗎？

黛：算是。部分的陸地沉到水裡了。只有部分仍在水面。大部分都下沉了。……這裡不是那個陸地，是不同的陸地。

朵：手稿也是從那裡來的嗎？

黛：有一些是，有些比較近代。

朵：你是唯一在保護這些東西的人嗎？還是你們的人也在保護？

黛：我不是唯一的，有幾個人被訓練為守護者。如果只有一個人保護，那麼東西可能會遺失。守護的人不多，但東西保存下來了。這件事沒有讓很多人知道。這個水晶頭骨的力量很強大。

朵：水晶頭骨的用途是什麼？

黛：通訊。儲存。儲存資料和歷史。

朵：這要如何儲存，如果它只是水晶？

黛：它帶有一種能量。它具有大量儲存的能力。

朵：這個能量是在水晶本身裡？(對。)你知道如何解讀資料嗎？

黛：知道。你必須把手放在頭骨上，用你的心智連結。然後它會儲存你放進去的東西。

朵：這是資料最初被放入頭骨的方式？

黛：那些懂的人放進去的。

朵：然後你把手放上去就能取得資料？

黛：對。這就像心靈感應。資料會傳送給受過訓練，知道如何接通的人，當他們把手放在上面就會取得資料。

黛比看見自己是三十多歲的女性，她從小就接受這方面的訓練。我推測這個地方不是只有地道和那間密室。她說這裡曾經有過比現在更多的人。我要她出去地道外面看看周遭環境，她說地道是在山裡，外面林木非常茂盛，這裡是山區。她住的地方離這裡很近。「這裡有建築物，有神殿，有平頂的金字塔。儀式在這些金字塔舉行，它們也被使用為傳送站。」

朵：你說的傳送站是什麼意思？

黛：就是讓船可以登陸的平台。

朵：你的意思是那些船降落在金字塔上面？（對。）是哪種船？

黛：有從地球來的，有從別的地方來的。別的銀河系。據說頭骨是傳下來的，有好幾個，不只一個。很多頭骨最初是來自其他文明，不是地球文明。它們是禮物。

朵：那些船是在城市被毀滅之前來的嗎？（是的。）他們來的目的是什麼？

黛：貿易。這裡是資訊可以儲存的地方之一，因為頭骨。我們給他們物品、水果。

朵：他們用知識和資訊來交換？

黛：對，還有別的東西。他們自己的獨特物品，跟別人不一樣的東西。

朵：那麼他們人不錯。（對。）這些人看起來是什麼樣子？

黛：跟我們很像。有些有不同的特徵或顏色；不同的膚色。他們跟我們一樣，有深淺不同的膚色。我們的膚色有點紅，比較深。他們有他們的顏色和深淺。有些皮膚甚至還是藍色的。

我在《地球守護者》裡提到，據說在地球剛開始有生命的時候，地球上有許多不同的膚色，甚至有藍色、綠色和紫色人種。這些後來大多滅絕了，或是被併入人類的基因結構。這些色調偶爾還是會在現在的人類身上發現，尤其是酒紅色斑胎記；這是來自紫色人種的基因遺留。因此當黛比說有藍色的人來到他們的城市時，我並不訝異，這只是更加證實了我多年來收集到的資料。

朵：聽起來這些人持續來了很長一段時間？（是的。）你們的人跟他們去過他們的地方嗎？

黛：有，有人去過。

朵：你也去過嗎？（對。）告訴我是什麼情形。你在微笑，所以一定是愉快的經驗。

黛：很有趣的經驗。他們知道我們以前是誰。

朵：你們以前？

黛：他們知道我們以前是誰。他們知道，他們讀你的靈魂。他們知道誰是誰。每個人都有自己的命運，他們知道你曾經是誰，所以你回去的時候，他們知道是你。他們知道你什麼時候再次出生。而這些知識就交付給那些轉世回來的人，那些一開始就知道的人。

朵：那麼他們或多或少在追蹤靈魂。你是這個意思嗎？（對。）還是說他們能讀你的靈魂，知道你來自哪裡？

黛：兩者都是。

朵：所以他們信任你會保護那些資料，而且你能跟他們旅行到他們的地方。他們那裡是什麼樣子？

黛：那些建築……全部的城市都是用水晶建造。它們的互動性很強，在很大程度上是以思想和投射念頭來運作。

朵：都是心智和精神感應？

黛：不是全部，但很多是這樣。就好像整個環境都跟水晶互動。非常美妙。我們去那裡是為了休息或度假。那是個發展得很好的社會，而且也很好玩。就是非常先進。

朵：你們住的地方聽起來很偏僻。

黛：對。因為他們不會再只為一般大眾來了。他們更隱祕了。

朵：你的意思是他們只去偏僻的地方？

黛：大致是這樣，對。大多數的人不相信這些了。人們不記得這些，而且對待那些人也不友善。所以他們嚴格篩選要見的人。我們的世界就有些領導者會誤用那些知識。

朵：那些領導者會傷害他們嗎？（會。）這是為什麼他們只見少數幾個挑選的人，只去他們選擇的地方？（對。）

我決定移動她前往重要的一天。

黛：有重要的人到場了。他們不曾來過這裡。他們像是他們星球上的皇室成員，帶著一整群小隨從。他們又帶來一個水晶頭骨，想把它跟另一個頭骨一起放在地道盡頭的小房間。其中一個頭骨彷彿是男性，另一個是女性，像是這樣。

朵：它們具有那樣的能量。（對。）他們為什麼要給你們另一個頭骨？

黛：那不是永遠要放在這裡，只是暫時的，這樣它們可以互相分享資料。他們把這兩個頭骨放在一起，它們就會交流。這很特別。

朵：如果這只是暫時的，那麼他們會把新頭骨帶回去？（對。）在它傳遞資料給另一個頭骨之後。

黛：對，另一個頭骨也會給它資料。那些皇室是來觀看、來觀察的。

我再次移動她到另一個重要的日子，她看見自己在教導。「這些指示也傳給了下一代。守護者有男性有女性，我在傳授知識，我在訓練他們。」

朵：他們叫你守護者，是嗎？

黛：類似，不過是不同的語言。不同的字，而意思是守護者。我把知識傳給其他人，這樣就不會失傳了。其中一位是我的女兒，我自己的孩子。這是她第一次能跟水晶頭骨溝通，這是在那些人帶另一個頭骨過來，在頭骨溝通之後的事。

朵：讓知識存續下去非常重要。

由於這是我做給全班看的示範，我不能像平日一樣花上許多時間探索我想瞭解的部分，而且我也必須開始詢問黛比的問題，這樣大家才會知道催眠的這部分是如何操作。因此我移動她到那一世的最後一天。

黛：就像在睡覺的時候，在夢的狀態中過渡了。很容易。

朵：你就只是滑出了身體？（對。）你有那麼多知識，受過那麼多訓練，所以這對你來說很容易，不是嗎？

黛：就好像我知道是怎麼回事一樣。我更老了。我讓他們有心理準備。我跟他們說我很快就會離開了。

接著我移動她來到她離開了身體並到達靈界之後，這樣她就能觀看完整的一生，瞭解那一世的目的與課題。

黛：我的任務是保護知識。

朵：你覺得你學到了你的課題嗎？

黛：我用生命活出來了。

朵：知識的存續非常重要。

我下指令召喚潛意識。我問為什麼選擇那個前世給黛比觀看。黛比在催眠進行之前，提到她知道很多自己的前世故事，而她認為不大可能會再發現她不知道的重要人世。但在催眠過後，她說這一世對她是新的資訊。

黛：這跟她目前傳播知識，保存和守護知識的努力有關。

朵：你們要讓她看到她在另一世也曾這樣做過？（是的。）因為她現在也在做同樣的事，是不是？

黛：非常類似，非常類似的事。

朵：所以你們想讓她知道她以前也這麼做過。（對。）這是在亞特蘭提斯時期之後的事嗎？

黛：對。那是在南美洲，那些人看起來像馬雅人的祖先。（譯注：一般人或認爲馬雅文明存在於中美洲，但此處原文爲南美洲。或許最初曾存在於南美洲，只是仍屬未知的歷史吧。）

朵：所以他們是早於馬雅人。我們向來聽到的是那裡的平頂金字塔是馬雅人所建造。

黛：有些是在其他城市被摧毀前就建造了。由一些亞特蘭提斯人所建。還有雷姆利亞人，甚至更早。有的金字塔很古老，經過了地球變動仍舊存在。還有些是重建的。

朵：她說金字塔的平頂用途是登陸用。

黛：對。還有舉行儀式。

朵：我很好奇。大家總是說他們用活人作獻祭。

黛：不是在這裡，那是後來才有的。是在一切墮落之後，是後來的文明。這時候沒有那樣的事。

朵：我們的歷史總是說那是建造的目的，為了獻祭活人給神的儀式。

黛：不是這些金字塔。

朵：那麼建造平頂金字塔的最初目的是什麼呢？

黛：就是上述的用途。為了讓來自其他星球的太空船降落。還有公開的儀式，因為許多群眾會聚集下面，從四處觀看儀式並聆聽重要宣布。

朵：後來就變得扭曲，人類開始以人當祭品？那些太空船在後來還有來嗎？

黛：沒有，他們幾乎就沒來了，他們不來了。

朵：我不認為他們會認可獻祭，會嗎？

黛：不會，這是他們不再來的部分原因。而且他們也會有危險。

朵：為什麼那些人會用活人獻祭？你知道嗎？

黛：在後來的文化裡，那比較像是種權力遊戲。更像是一種交戰方式。被獻祭的通常不是自己人。是敵對勢力的人，是戰士被殺害。後來事情的演變越來越糟。不過，不是只有過去被記錄在水晶裡，未來也被記載了。

朵：所以他們知道將會發生什麼事？

黛：對。水晶頭骨裡有預言。

朵：她看見的那個地道，那個通往這一切知識的地道，現在還在那裡嗎？

黛：還在。

朵：還沒有被發現？

黛：那裡仍然有守護者。

朵：即使是現在，仍然有人在叢林裡保護那些知識？（是的。）太好了。那麼也許這些知識就能留存下來。

黛：這些知識要直到時機對了才會被揭露。

朵：我們被告知現在是適當的時機，有些知識可以再次出現了。

黛：還不到時候。

朵：但它仍然是藏在那個地道裡？（對。）兩個水晶頭骨都在那裡？

黛：不。只有一個。它被藏在那個地道，而且依然受到保護。

朵：那它就不會落入錯的人手裡，是吧？

黛：這是為什麼必須等候。

朵：必須等到正確的時機。你知道在我們的時代發現了很多水晶頭骨。（對。）我們現在發現的頭骨的目的也是一樣的嗎？

黛：有些是，有些不是。有的是複製品。有些頭骨有作用，但複製品沒有。有的頭骨是真的，有的不是。

朵：所以很多水晶頭骨的確是來自別的星球？

黛：是的，還有亞特蘭提斯。它們來自別的地方。每一個都來自不同的星球，不同的地方。那是不同地方交流紀錄的方式之一，資料就在水晶頭骨裡。

我接著詢問黛比在這次催眠前寫下的問題。其中之一跟黛比對海豚的連結和著迷有關。

黛：部分的連結要回溯到她在其他星球，那些以水為生命基礎的星球。海豚不是這個星球的物種，牠們是被帶來這裡的。牠們不是起源於這個星球。

黛：我聽過水系行星（water planets），那裡的一切都很自由自在。你指的是那些星球嗎？（是的。）所以這是為什麼她跟海豚有連結，因為跟她曾經在那些星球有關？（對。）海豚非常特別，不是嗎？

黛：是的，牠們很特別，牠們不只是聰明的哺乳動物。牠們就像我們，但牠們從沒有忘記；牠們從未退步。牠們從未忘記與造物者的連結，也從未忘記與彼此的連結。

朵：這是為什麼她能跟海豚溝通，而且跟牠們在一起時感到自在。

黛：對。這是為什麼她會回到那個（記憶）片段——牠們（指海豚）也是看守者。有一個頭骨，至少有一個頭骨是在海洋下面，而且海豚裡也有看守者在守護頭骨。

《迴旋宇宙》系列有更多關於這種獨特又非凡的生物的故事。

★ ★ ★

以下的水晶頭骨資料來自另一位個案。我在先前的著作省略了這個故事。等待多年後，終於收集到更多的資訊，能夠較完整地解釋這個現象。

朵：珂萊特想要知道我們稱為「三個頭骨」的現象。（我有點困惑。）抱歉，我不知道怎麼會說「三個」。我是指我們稱為「水晶頭骨」的現象。你們熟悉我所說的嗎？

珂：熟悉，而且三這個數字並沒有說錯。水晶頭骨有三個來源。它們從三個星球來到地球。那些星球是由結晶體構成，就跟地球一樣。

朵：你的意思是星球本身就是由結晶體構成？

珂：就如地球內部是由結晶物質組成，人類的身體也是；那三個原始頭骨所來自的星球也是由結晶物質組成。

朵：換句話說，它們的結構跟地球非常類似？

珂：並不是同樣形式，只是有部分相同的結晶體成分。就像石英晶體有明亮的光澤，有時可以看透，有時看來霧霧的。這就是那些星球的能量物質……能量來源。它不是你隨時都能用肉眼看到的東西。就比如地球——你看到的地球是圓體或球體——但你的肉眼無法看到的地球內部是由晶體物質構成。如果你到地底的大洞穴，像是新墨西哥州和阿肯色州，還有巴西、西伯利亞，以及挖掘水晶礦的其他地方，你就會看到地球內部是結晶物質。**整個**地球是結晶物質。它是能量。我們來自結晶物質。現在地球上的科技才正開始看到晶體的來源和用途，比如你們的大部分電腦系統。今天甚至手錶也是由石英晶體所製。

朵：對。不過我一直以為地球的岩漿是像熔岩一樣。所以你們說的是地殼的部分嗎？

珂：部分的地殼本身就是由晶體物質構成，就像偽裝似的，因為那個知識（指水晶）還不到讓所有人知道的時候。因為它的能量是如此強大，很可能會被使用在負面用途。

朵：我一直認為泥土和各種元素，還有礦物和水晶只是零散分佈在各處。

珂：是分散各處沒錯，但地球的水晶量比大多數人知道得還多。

朵：你說這些頭骨是來自三個不同的星球？

珂：三這個數字代表水晶頭骨**可能**來自的那三個星球，但不必然**就是**從那裡來的。有三個星球像地球一樣，是由結晶物質構成，所以你一開始說「三個頭骨」，而我說三這個數字不必然是代表三個頭骨，而是三個結晶基（crystalline based）的行星。三很重要也是因為我們把這三個星球視為三位一體（trinity），而在所有知識，所有科技，所有一切裡，三位一體的力量非常強大。

朵：這是某些頭骨的最初來源嗎？

珂：最初來源，是的。

朵：我們對那些頭骨還有它們是如何製造的很好奇。它們是在別的星球製造的嗎？

珂：在**這裡**找到的頭骨並不是在那些星球製造的。它們是這個星球的古文明所製造。「一切萬有」（all that is）的知識就在這些頭骨裡。

朵：我以為它們有可能是在那些星球製造，然後被帶來這裡。

珂：不，它們不是從別的星球**帶來**的。

朵：所以這些頭骨都是古文明製造的？

珂：是的。而**他們**所知道的知識是透過我們的源頭的力量所傳導，一**切**的源頭。這些知識就在這些水晶頭骨裡。

朵：那麼他們不是被教導要怎麼製作頭骨，也不是有人示範給他們看？

珂：沒有。那是直接來自源頭，透過碰觸水晶的古代人的手。源頭運用古代人的手，把水晶**塑造**為人類頭骨的形狀。當古代人的手觸摸水晶原礦（指未經塑形的水晶），他們的手就像工具，開始使頭骨成形。工具並不需要，是源頭透過人類運作。

這聽起來跟亞特蘭提斯人進化到能夠使用心智的力量來形塑石頭的情形非常類似，這也是古代遺跡的製造方式之一。亞特蘭提斯人帶著這些知識，逃離了毀滅。這在《迴旋宇宙》系列有進一步的說明。

朵：大家對水晶頭骨到底怎麼做出來的有很多爭議與討論。有些人說是使用工具，不過要做出那樣的水晶頭骨一定用上了難以置信的時間與能量。

珂：你用「能量」這個字很重要，因為源頭——有人稱為「上帝」，有人稱為「宇宙」，有人用很多名字稱呼源頭——源頭就是能量。而透過握著石頭的古代人所連結的能量，他們跟源頭的連結威力是如此強大和直接，有了源頭與古代人的組合與石頭，我們就有了三位一體。當我們有了這三者一起，任何事都有可能。一切都是有生命的，一切都是活的。當古人握著有生命的石頭，直接連結源頭，在頭骨的形狀裡一切都有可能。形式成形，成為實體，完全只透過能量。

朵：你們說這些是古代的人。那麼這些頭骨是多久以前製造的？

珂：以線性時間，以地球時間來看，是在很久很久以前。兩萬年前到十萬年前。地球的各大洲有很多水晶頭骨，有的已經被找到，有的還沒。有些**可能**不會被找到。

朵：據說有幾個特定的頭骨跟古代馬雅人有關。

珂：沒錯。並不是**所有的**水晶頭骨都有十萬年或更久的歷史，有些比較近代。以線性的地球時間來說，馬雅文明是很久以前的事了。他們存在於你們的一萬五千年、兩萬年、兩萬五千年以前。

根據專家的說法，馬雅文明大約開始於西元前三千年，但大家對這個年份有很多爭議，無法取得共識。因此這個文明是有可能古老得多。

珂：然而，在無限的時間裡，時間並不存在。宇宙裡沒有時間。只有空間。我要怎麼說呢？（大嘆一聲）今天有小群的馬雅人以小團體的方式依往例生活，他們的文明並沒有完全摧毀，不像很多人認為的已經消失。這個世界仍有馬雅人，他們仍有古老的知識。他們也的確有個非常出名的頭骨，這個頭骨非常受人敬畏，因為它會提供偉大的知識給知道如何讀取的人，而且**只會給**那些以光和愛，以及為所有人最高福祉而運用知識的人。

朵：所以他們（指馬雅人）製造的那些頭骨比你說的較古老的頭骨近代許多？

珂：有些較古老的頭骨從未被找到。它們出現的時機還沒到。

朵：我在想亞特蘭提斯。他們跟頭骨有關連嗎？

珂：當然，一定有的。但不是跟你們現在所知道的任何頭骨有關。

朵：亞特蘭提斯人有把知識傳給後來的人，像是馬雅人嗎？

珂：沒有。馬雅人比較是雷姆利亞的後代，不是亞特蘭提斯。

這絕對會將考古學家所認為的馬雅人起源追溯到更古早得多的年代，因為雷姆利亞的存在更早於亞特蘭提斯。

朵：遠在亞特蘭提斯的時期就有製造水晶頭骨的知識？（對。）為什麼這些物件是頭骨的形狀？它的意義是什麼？

珂：在人類身體，頭部或顱骨是大腦的地方，換言之——以現代術語來說——是電腦存放的地方。生物電腦。這裡是心智、智力／智能、知識的所在，而且結晶結構很能儲存知識。因此以頭顱的形狀呈現的意義就在於人們可以將它跟知識、心智和最重要的事聯想在一起。不那麼相信靈魂／靈性的人認為一切都來自智力／思維能力，來自知識，來自大腦。大腦與水晶的關聯也是一樣，水晶能夠儲存知識，而大腦儲存知識就跟電腦把資料儲存在磁碟上一樣。因此，一個頭顱形狀的水晶，對人類來說威力非常強大。而且，這麼說吧，一個水晶頭骨，尤其是白水晶，能夠儲存**所有**宇宙的知識。如果想要接通，那個人必須能調頻到——不是頭骨——而是跟水晶，跟寶石，跟礦石能量同樣的頻率。

朵：很多研究過水晶頭骨的人認為頭骨跟死亡與負面事物有關。

珂：沒錯，是有很多那樣的故事，這是有原因的。有些人還沒有準備好使用儲存在水晶頭骨，或是任何雕刻成頭骨的礦石裡的資料，很多人很可能將資料運用在負面用途，會傷害人的用途。因此，被稱為「死亡頭骨」或「厄運頭骨」是有它的適切性。因為有這樣看法的人若擁有如何使用頭骨的知識，他們就不會拿它去傷害這個星球上的人。

朵：那個說法會使人恐懼，因而避免了那樣的事發生。

珂：嗯……你這個說法很好。

朵：有一個很出名的頭骨，它有可以拆裝的下顎，可以拆卸的下巴。別的頭骨都是用一整塊水晶做成。這有什麼意義嗎？

珂：當然有。當你看著人體的頭骨結構，顎骨——或以術語來說，下頷骨——它是頭骨裡能上下活動的部位，是人體最強壯的骨頭。想想這個骨頭的實際用途和功能，它還能幫助咀嚼食物。牙齒就長在這部分的骨骼，因此它非常、非常堅固。有活動式下顎的水晶頭骨比其他不會動的頭骨的力量更強。因為它的精確設計在解剖學上非常正確，幾乎是完美複製出人類的頭顱。

朵：有很多頭骨是一整塊水晶做成的。

珂：是的，那也是有目的的。

朵：那麼它們各自帶有不同類型的資料？

珂：完全沒錯。它們被雕塑的目的也不一樣，這要看那些接觸頭骨的人而定，他們要找出它們的意義。

朵：所以不同的人對不同類型的水晶頭骨會有不同的反應。

珂：是的。這都要看接觸頭骨的那個人的意圖和目的。不論那人只是把手放在上面尋求療癒，還是他確實擁有那個水晶頭骨。頭骨所有人可能只是有保管權，直到頭骨到它下一個該在的地方。

朵：這些頭骨是個人還是團體以心智力量製造出來的？

珂：很多頭骨是以雕刻、雕塑或模具製作的，有的是古人與源頭合作。有些頭骨，可能在你們的線性時間是一萬年前——或甚至更近代的幾千年前製作，它們還沒有被找到。有的甚至是你們現代的藝術家坐在長板凳，以現代科技和工具做出來的。甚至可能以雷射切割。所以我們不會說所有的頭骨具有一切的知識。每塊礦石、每個頭骨都是為某個特定目的適當製作出來，而這個目的要看與頭骨接觸的人而定，它會透露給那個人或團體知道。

朵：我是在想，也許那些非常古老的頭骨是合併幾個人的心智力量做出來的。一群僧侶，或是一群知道如何製造頭骨的人。

珂：有幾個是那樣設計的。不只是頭骨，而是完整的骨架。也就是人體結構的所有骨骼都曾經以石英晶體製作。所以不只是頭骨存在而已。有些還沒有被發現（指完整的骨架）。

朵：製作整個水晶骨架的目的是什麼？

珂：表示所有結構都是它本身的全息圖。如同頭骨可以完全用結晶結構製作，整個身體也可以。如果人類的基礎，人類的結構是水晶的——它的確是——那麼整個人體，不只頭骨，全都都是晶體。你們所知的骨頭也是結晶物質。

朵：我怎麼也想不到它是結晶體，因為它會腐爛分解。

珂：你會發現當我說「結晶結構」，它也可以是粉末。石英水晶可以磨成非常細小的粉末，小到你可以一口氣把它吹到空氣裡而且看不到。這就是我們說的結晶結構。它不是像堅硬的寶石。是像粉塵，是可以分解的。

朵：珂萊特想知道她跟這些水晶頭骨是不是有連結。

珂：她跟水晶頭骨有非常直接的連結。她是從你一開始提到的數字三的其中一個星球來的。就如你所說，並沒有意外。沒有巧合。因此你會說到三這個數字並不是巧合。三代表三位一體。那三個星球是三位一體。她有非常**直接**的連結。她的直接連結是……要怎麼說呢？要透過你們的語言說得正確並不容易。（停頓）從純粹的能量進入這個存在層面（人身）的密度，用字真的很難。（我鼓勵SC儘量試試。）她來自一個種族——我們沒有比較好的詞彙形容——一個由晶體，由水晶結構構成的類人類種族，你可以向她解釋，她是來自一個由水晶構成的類人類種族。

朵：你的意思是他們是由水晶結構組成，而不是碳基結構？（對。）可是他們是類人生物？（對。）他們身體的運作跟我們這種碳基生物一樣嗎？

珂：類似。就好像這些類人生物**知道**，而且他們知道自己知道什麼。他們不用出去學習，不用一直去尋找知識或去記得。他們有那些記憶，那是時間與空間的知識，不是線性時間的。這些類人生物本身**就是**知識。

朵：但他們的運作跟我們的肉身並不一樣。

珂：是一樣的。看看現在的人類，血肉之軀，而這些以前也是血肉之軀。當你將人體骨骼結構看作纖維狀骨骼結構，這個結晶結構多少也是纖維構成，可是強韌許多。那時所有的知識存在於這個結晶結構裡，就如同今天，知識存在於人類身體的骨骼結構裡。只是沒有當時那個類人類種族時期的結晶那麼純。是時期的關係，不是種族，**是時期**。

朵：時期。當你說人類骨骼裡的知識時，你是指基因結構，DNA嗎？

珂：是的，是的。所有的知識都在你們所說的DNA裡。

朵：但當然，那個知識只有當靈魂駐留在身體並跟DNA聯繫時才能取得。

珂：啊！抱歉，這點我的看法跟你不同！

朵：我想的是一旦靈魂離開了身體，身體就會腐敗分解。

珂：可是當身體分解時，DNA仍然存在。DNA可以在骨骼結構裡找到。身體被火化後，從骨灰裡取得DNA的科技還沒發明出來。無論如何，DNA仍在，還是找得到。

這聽起來類似《迴旋宇宙一》第七章裡的內容：人們在實驗室利用奇怪的機器重新啟動被包裹保存的燒焦骨頭。他們已經發現重啟或複製休眠DNA的秘密了嗎？

珂：當珂萊特聽到這些（指催眠後聽到錄音帶），她會覺得很不可思議。「這些我以前從沒聽過，我為什麼要相信這樣的事？」因此當她研究她的身體曾是水晶全息圖的經驗時（指這次的催眠），她必須以開放、誠實和紀念的態度來看待。

★　★　★

水晶頭骨的爭論依然持續著。有些頭骨確實是偽造品，然而那些被鑑定為真品的頭骨仍舊令專家相當困惑。其中最知名的頭骨之一是在一九二四年於貝里斯（Belize）的一個城市廢墟裡發現的米切爾－海吉斯（Michelle-Hedges）水晶頭骨（譯注：以一位英籍冒險家和旅行作家之名命名）。這顆頭骨仍有許多爭議，但專家們都同意，要以水晶製造頭骨需要非常成熟高明的技術。就如惠普公司的研發實驗室證實，這個頭骨是沿著它的中軸旋轉打磨，在製作過程中沒有變成碎片就是一個奇蹟，因為只要非常微小的偏差就會使部分的頭骨碎裂。

美國的文物修復專家，法蘭克．多蘭博士（Frank Dorland）曾這麼評論：「如果完全不考慮任何形式的超自然力量，那麼馬雅人必然是以手工打磨的方式製作水晶頭骨。這是個難以想像的困難工作，一定花上了好幾百年的時間，而且要不被任何政治和宗教情勢影響。我們實在很難想像這樣的長期目標是如何一代又一代地貫徹執行。」據推測，要完成最終的完美水晶頭骨大約需要七百萬個工時，相當於日以繼夜地連續做八百年。如果一天規定工作十二個小時，就要花上一千六百年！（資料來源：《傳奇時代雜誌》Legendary Times Magazine。）

我想，由以上法蘭克．多蘭博士的這段話可以明顯看出，頭骨並不是手工製造出來的。我較傾向於這是亞特蘭提斯時期就有的技術，當時的人能夠透過心智的力量把物體塑造成想要的形狀。我在其他書裡提過，這個知識似乎是來自外星人，這些外星人曾在這些高度進化的古文明社會與人類一起生活。在這些文明滅亡後，倖存者逃到埃及，很可能也逃到其他國家，並建造了令人驚嘆的偉大建築，這些石造工程直到今日仍令專家困惑。我認為是這樣的技術創造了水晶頭骨，而不是手工。

★ ★ ★

水晶是地球上最豐富的礦產，有趣的是市場上的水晶大都產自美國的阿肯色州及南美的巴西。我發現我所住的阿肯色州北部的地底就是一個巨大的水晶礦床。這裡的南部，臨近艾達山（Mt. Ida）的地方，有個公共的水晶礦區，任何人都可以在那裡撿拾地上的水晶。我有一次在催眠時被告知：「你以為你是隨意選了住在阿肯色州的這個地帶。你被安置在這裡是有原因的。你的工作需要水晶的能量。」

★ ★ ★

在近代，有個很巨大的水晶洞在墨西哥被發現，裡面有至今這個星球上所知的最大水晶。

這個接近奈卡（Naica）的水晶洞是在西元二千年，當兩位礦工為礦業公司開鑿一條新隧道時所發現。它埋在奇瓦瓦沙漠（Chihuahuan Desert）的奈卡山脈（Naica Mountain）地下一千呎，裡面有現今世上最大的天然水晶。這些半透明的石膏晶柱有三十六英呎高，五十五噸重。地質學家進入水晶洞為英國國家廣播公司（BBC）拍攝時，對這些水晶的巨大和美麗驚嘆不已。由於洞穴裡的高溫和潮濕，他們無法在洞穴停留太久。洞裡的溫度超過華氏136度（攝氏58度），濕度則是百分之百，這樣的高溫和潮濕有可能致命，因為人體無法承受這樣的熱。進入水晶洞拍攝需要有特殊裝備才能忍受洞穴裡的極端條件（但一次也不能超過十分鐘）。這部紀錄片《地球生命機密解碼》（*How the Earth Made Us*）於二〇一三年在BBC播放。澳洲的「六十分鐘」節目也曾進入這個水晶洞拍攝影片。

從上述資料看來，這次回溯催眠所得到的資料是正確的，我們的整個星球確實是由水晶構成，我們的身體也是。

第十四章　教導知識

這場催眠是二〇〇八年在琥珀光汽車旅館（Amber light motel）租借的臨時辦公室進行。那年鎮上發生水災，我在「老祖母餐廳」對面的辦公室受損，我邊等候汽車旅館對面商店街的辦公室完工，一邊暫租汽車旅館的房間。這裡並不是理想的催眠場所（主要是因為其他旅館客人製造的噪音），但總比什麼都沒有好。

約翰有自己的事業，他經營天然、安全的動物製品。他來催眠的主要目的是想瞭解他的人生目的。他特別想揭開遮蔽的帷幕，好能「全然知曉」，瞭解全局並知道自己在其中的位置。

約翰進入的前世是在十九世紀的新墨西哥州。他住在鎮外，是為人治病的醫生。他曾在英國學習，但他的方式偏向自然療法，而且大多是透過自學。他使用草藥和水晶治療，有的藥材是自己種植，有的是從印地安人那裡取得。他跟印地安人互相分享治療的知識。除了給病人草藥幫助解決身體問題，他也調製藥膏給他們使用。約翰過了長壽和平靜的一生。那一世，他坐在前廊的搖椅上死去。在他離開身體後，我詢問他那生的目的。「幫助人。

學習。整合來自不同來源的知識。並且保持純正的意圖，純正的動機。」然而他並沒有將知識傳給別人，他那世沒有訓練任何人。「你會以為我一定有，因為知識需要傳承。但是我沒有看到我有教導任何人。」

由於回溯那世用到的時間不多而且內容平淡，我引導他到另外一世。他看見自己身在埃及，站在一座金字塔的平頂上。「我是祭司。人們來找我尋求協助、指引和療癒。」當人們需要幫助時，他們會前來金字塔。他在這世也是過著孤單的生活，沒有結婚。他擔任祭司的工作很久了，我問他是否有人訓練他，他的答案令人意外。

約：我覺得我有被訓練，但跟人類的訓練不一樣。我有在群星的兄弟，他們照顧我，教導我。（教導）心靈能力。教導療癒。

朵：告訴我是怎麼回事。你能看到他們的長相嗎？

約：他們是光體。他們使用水晶。使用水晶傳送知識。教導心靈的力量和如何讓身體有活力。（他們）療癒人並提供建議。

朵：這些光體跟人類一起生活嗎？

約：沒有，他們不容易接觸到。我甚至不確定在訓練完成後的現在，他們還在不在。訓練期間，他們在，但訓練完成後，他們就離開了。他們沒有和人類一起生活。他們來這裡只是為了在偏僻的地區訓練。

朵：他們不想讓大家知道他們在這裡？

約：完全沒錯。

朵：所以他們只想要訓練特定的人。

約：對。這是為什麼他們選了我。我不一樣。

朵：你怎麼不一樣？

約：我在心智的成熟度和能力不一樣。我的意圖帶有更高的目標，不是只有個職業就好。這麼說似乎很傲慢，但這不是傲慢或自大。這是一種內在的責任感，為的是更高善的利益。這也帶來了一定的孤單。

朵：你跟同年齡的孩子不一樣嗎？

約：對，我跟住在這個地區的其他人也不一樣。

朵：你剛說他們帶你去偏僻，沒有人煙的地方？

約：我們有部分的時間是在森林，在偏僻的地方訓練。有時候他們帶我去船上並教導我。還有在金字塔的平頂上學習在那裡要做些什麼。他們教我天文和觀察星象。

朵：他們在你面前一直是以光體出現嗎？

約：他們有光的身體。他們會顯現不同的特徵，會讓我看見一個比較像人類的形體，而不僅僅是一個球體或一個光球，所以他們是像光和形體的組合。他們是純然的愛。純粹的智能。慈悲。（他們）想要幫助，想要教導。讓**我**受益，這樣我才能幫助這些人。

朵：他們怎麼教導你？

約：有些是老方法，像是上課。但更多是透過水晶、透過光、透過特殊的房間傳送知識。

朵：這些特殊的房間在哪裡？

約：森林裡有個隱藏的設施，那裡有些特殊的房間。金字塔裡面也有一個地方。太空船上面也有，你在那個房間可以看到全局。（看到）總體計畫。我下來要做的事所需具備的天賦能力。那是一個有趣，像是快速學習的課程。不像你去學校要從一年級、二年級、三年級一階階展開，而更像是一個快速的過程。我認為隨著我的身體的成長，我被給予新的資訊片段，以及知識和能力。

朵：所以他們陪了你一段時間，教導你？

約：他們如果沒陪在身邊，便會持續回來。

就在這段催眠的後面幾分鐘，汽車旅館外有救護車和警車的鳴笛聲經過，但這些聲音並未干擾到約翰。他繼續說話。

朵：你剛剛說你被帶到船上。他們怎麼帶你去的？

約：把我傳送上去。我不是進到一個小太空船，然後他們再帶我上去，而是他們透過光把我整個人送上去，然後我立刻就出現在船上。就好像我認識這些人，我是他們的一份子，而我同意下來做這件事。是他們訓練我的。

朵：那是你的感覺？（是的。）你同意做這件事，然後他們會幫你。（對，對。）那是為什麼你跟其他人不一樣？

約：對，我想是這樣。

朵：在心智層面上不同……你說他們對你的訓練大多跟水晶有關？

約：是的。水晶帶有知識，這些知識傳送到我身上，進入我的結晶結構，於是我的身體也帶有知識。然後我從船上下來時，我對於人，他們的天性，對人體，對能量有所了解。對地球的植物、食物也有瞭解。知道應該要怎麼種植。我協助他們種植作物，這樣他們才能照顧彼此。那時的社會有點像理想社會。我能夠用雙手感受到能量。

朵：不過你第一次下來這裡（指地球）的時候，並不知道這些。你是在這裡出生的。

約：沒錯。

朵：知識是後來才有的？

約：我想是的。我必須在身體上準備好才能接收（知識）。我下來是有任務和目的的。但給我的資訊不是一次給。我必須準備好並且夠成熟，然後才會學會。

朵：所以在你進入人類身體之前，是透過水晶接收知識。你的意思是這樣嗎？（是的。）知識是怎麼儲存在水晶裡的？你知道嗎？

約：讓我問問。（停頓）這似乎是兩件事的組合。他們確實透過心靈感應的方式傳輸資料並儲存到水晶裡，但同時太空船上的電腦也能傳送資料到水晶。所以兩者都是。我的疑問是水晶如何作為能量？水晶怎麼知道什麼時候要開啟自己被吸收？

朵：什麼時候要釋出資料。

約：對。似乎是透過意圖、透過心靈感應啟動某種關鍵機制。

朵：所以並不是任何人都能接收這個資料。

約：沒錯。只有給準備好，知道怎麼做的人。那些具有純淨意圖、純正動機，並且知道如何使用這個知識的人。不是只為了得到知識，而是為了將知識用來造福人群。這樣你就可以教導他們，而他們也能將知識傳續下去。這就像是漣漪效應，不論是教他們農耕還是別的，你教了他們，他們再出去教導別人。

朵：所以你被給予知識，而且你跟人們一起使用？(是的。)你有教別人嗎？

約：有，我有。

朵：你把你知道的傳承下去。你做的只是水晶療癒嗎？

約：不，事實上是檢視整個社會。什麼動力構成了社會？你們有食物，那麼就需要有耕作；有人受傷或生病，所以你們要有醫療。你們有交易，你們有公平原則。你們有教育；有儲水，有調解紛爭的方式，所以有議事機構。但在議事機構的人不能有自己的目的和私心，他們必須完全客觀。

朵：這很困難，不是嗎？要完全客觀。不過這是知識發揮作用的唯一方式，不是嗎？

約：這是文明社會能夠運作的唯一方式，如果你們以最純粹的形式去教導社會運作的方法；照顧彼此，愛護彼此，確定每個人都有食物和居所，並且照顧長者，確定兒童受到教育。還有溫和對待地球。

朵：聽起來是一種完美的生活方式。

約：絕對的。這是有可能的。

朵：這是有可能的，因為你已經做過了。（對。）你那時候也使用藥草嗎？還是主要是水晶？

約：主要是水晶。但我跟植物很調諧。一切事物都有能量。人類就是由這一切元素構成，這些元素在不同的頻率振動。如果有什麼不調諧，我們就去找可以幫助身體或身體那個部位的東西，幫助它回到完美的振動。它可能是水晶，可能是用手觸療……提供我的能量。可能是提供那個人身體需要的特定能量頻率的植物。可能是一個排毒計畫，排掉導致身體不舒服的東西。它可能是特定的藥草。也可能是陽光。

朵：所以對每個人都不一樣。

約：沒錯。

朵：那就是你必須做的事，決定什麼是最好的方式和做法？（是的。）對一個人來說，這是很多的工作，但你為此接受訓練，所以聽起來你在要來地球的時候就知道了。你說他們在你進入人類身體之後，帶你去訓練。（對。）這跟法老王的情形是一樣的嗎？還是不同？

約：我想這是很好的比喻。法老王。一個領導者，但是沒有那些儀式、排場和浪費的時間。

朵：因為聽起來你像是療癒者，藥師，但還要考慮到整個社會的情況。

約：是的。一個愛護人民，有慈悲心的統治者，他知道社會的所有動態，並且能夠處理所有問題。他訓練專精於不同領域的人，這樣他們才能承續工作。我只是一個人，而我做的涵蓋了一切。我因此意識到訓練各領域的人才非常重要。

朵：聽起來是責任重大的工作，很困難的工作。

約：很困難，但我樂在其中。這是我擅長的事。我幫助人，幫助社會蓬勃發展。

朵：好。讓我們去看看那個社會後來怎麼了，還有你的情形。那個社會有持續發展嗎？還是怎麼回事？(沉默)你在那裡跟那些人一起生活很長的時間嗎？(沉默)你可以濃縮時間，來到發生的時候。

約：當我感覺工作完成，而且知道社會會照這樣持續下去，不再需要我後，我就離開了。

朵：你那時候將知識傳給其他人了嗎？

約：是的，我要確定他們能接續下去。我不認為他們能完全做到我所做的一切，但從實用的角度來看，夠用了。

朵：你教給他們作為文明所需的實際事物。(對。)所以你那時候覺得你可以走了。

約：沒錯。我跟他們的工作已經完成。

朵：你是怎麼離開的？

約：（停頓）我覺得他們（指光體）直接把我傳送走了。

朵：你在那裡很多年嗎？

約：不，我不覺得待了很多年。我離開的時候大約四十歲，所以大概……我花了二十年跟他們一起，幫助他們發展。

朵：我以為你可能在那裡住了很多很多年，活到很老。

約：沒有，我剛剛想看自己是老人的樣子，但沒看到。我最後看到的是我曬得很黑，健康，而且有智慧。我跟人們、跟領導者談過了，我讓他們知道我將要離開。是時候了，我覺得他們有能力處理了，於是我就離開了。

朵：他們有看到你離開嗎？

約：沒有，我在沒人看到時走的。

朵：好，現在你已經離開了那個身體，你能夠從不同的觀點來看那一世。你認為那世的人生目的是什麼？你想要學習什麼？

約：我有任務和目標。我在轉世前便同意下來學習、成長、成熟，我有二十年可以幫助人們生存，自立。知道如何對待彼此。如何對待地球。如何吃、如何療癒、如何交易、如何處理紛爭。

朵：這些事都很重要。

約：是的。我對那一生感到滿意。

朵：通常那些事需要很多人一起完成，而你是一個人就做到了。非常好。

我引導約翰離開那世並呼請潛意識提供更多資料。我想知道的第一件事向來是為什麼潛意識選擇那些前世給個案觀看。「你們選擇了這兩世，它們很類似，第一世他是醫生並使用藥草。為什麼你們選擇那一世給約翰觀看？」

約：這樣他就知道他有使用藥草和治療人的經驗。還有調配、組合藥草的經驗。

朵：我也是這麼想，因為他做的很多事並沒有人教他。他自己想出來的。

約：是的，是這樣的。

朵：所以你們想要他知道他以前做過這些？（對。）那麼這些對他來說都很自然，不是嗎？（是的。）第二世也觸及同樣的主題，是嗎？他從太空船下來幫助人們療癒，所以這兩世都有相同的主題？（對。）你們想透過這兩世告訴他什麼？

約：他知道的，但他需要知道治療有不同的機能。藥草、能量、意圖、來自星辰兄弟的指引。這世上的人需要一些指引、一些領導，還有不著眼在獲利目標，能夠有效執行的純淨想法。我想要他把這一切都結合起來。飲食、水晶和藥草。還有療癒，並且有信心能夠療癒他人，以及不索取高價。要知道，確實有想幫助和指引我們的存在體。他們想要我們健康，不因疾病分心，這樣每個人就可以專注在自身的使命和目標上。素食可以減緩地球暖化，你們不需要為了放牧牛隻把所有土地都開墾、樹林都砍光，而且這會影響水源。你們要教導農民如何再次耕種並在地銷售產品。改變醫界，使醫療方式更自然、更便宜。我們想要他為這些事情貢獻。

要一個人嘗試去做這一切，聽起來是很艱鉅的工作，但潛意識說事情會逐漸發生。約翰對療癒有很多想法，他最想做的是為癌症患者創立一個治療中心並教導自然療癒。潛意識給了他許多建議，尤其是有關購買土地以及如何開始設立中心。在中心裡，人們也會學習跟飲食、按摩推拿和瑜珈相關的事。他們也要他去墨西哥某地，他在那裡會找到特別的藥草，發展自然藥物。他們說他有所有的資訊，也知道自己必須做什麼；他只是要開始進行，別再拖延下去了。他也被告知有一天他會旅行全球演講。「他得到少許資料，他認為他懂了，然後突然間新東西又進來了。所以這對他一直是個有趣的旅程，不過我認為他現在真的明白了。他現在透過他的水晶、透過靜心冥想、透過睡覺時得到知識，他也透過在其他行星、層面和次元的存在體獲得知識。但他很急，他想要這些知識傳送得更快。無論如何，他現在得到許多指引。他的身邊有大師級的老師、指導靈，他們在提供他很多資料。他這幾個月來都睡得早，因為他們想要他睡著，這樣才能在他身上工作，傳輸所有資料。因此，是的，他正被指引，而且會被持續指引。他也跟我們來自星辰間的兄弟有著特別的連結，他下來這裡是有非常明確的使命和目標，他將會幫助很多、很多人。他只需要保持開放的心態，因為他們會與他聯繫。他從其他星球來這裡很多次了，他曾是引路者，是療癒者，是老師，是大師。」

第十五章　雷姆利亞與次元門戶

雪莉是心理學家，任職一家精神病院的院長。她看到的第一個畫面是像玻璃般透明的水，水不深，她正往水裡走去。水面上有金色的倒影。雪莉看見自己是穿著一件白色短罩衫的年輕男子，手中拿根棍杖。他說那是在儀式時用來指引和療癒的權杖。「它導引能量。它幫助我接通來自源頭的能量。我能直接透過權杖傳導能量。能量來自源頭，透過我的身體傳到權杖。」當我問他在哪裡做療癒，他說附近有座建築，他稱為神殿。他其實住得很遠，但有需要時，就會來神殿。我問他怎麼知道什麼時候需要過來？他說：「我感覺到來自神殿的召喚，於是長途跋涉來幫助那裡的人。」

朵：這個感覺像是種聲音，還是什麼？

雪：感覺像是種拉力或吸力，而不是聲音。我知道我需要過來；時候到了。

我請他描述那座神殿。

雪：它是一座又窄又高的金字塔型的構造，最上面有某種板子交錯的網狀結構。建物本身是石頭做的，但在入口，你要穿過的地方有布的質料……像個帳篷。進去後，裡面有人。這個空間大而且長，它的裡面是亮的。

朵：光從哪裡來？

雪：石頭。從石頭內部發光，柔和的光。這跟材質，跟石頭有關，建築本身就會發光。現在裡面有些家庭和孩子們在等，他們知道我會過來，他們很高興。我歡迎他們來到這裡，然後我走到建築的中央，權杖把能量帶進這個建築，這個神殿。它改變了現場的能量和振動，所有的人都能感受到變化。這裡就像個療癒室。

他的父親教他如何吸引能量。「他給了我這個權杖，教我如何使用。」

朵：引入能量有一定的程序嗎？

雪：集中心智將能量放入權杖是有方法的。那是一種感覺，你像是從空氣中汲取能量，先暫時放進權杖，直到釋放到神殿。能量來自源頭，來自一切萬有；在我們周遭的一切萬有。你汲入能量並集中你的所有能量到權杖，然後帶進神廟，能量會在神廟裡產生共振並帶給裡面的人快樂的氛圍。

朵：那個能量是怎樣的感覺？

雪：感覺麻刺，當能量通過時，在某種程度上，你感覺它像音樂。你能感覺到它把空間填滿，就像一個裝了水的碗，只是是裝了能量，而且它在振動，你感到一種麻刺和溫暖的感覺。這個房間（指療癒室）就是那個感覺。我走到房間中央，把權杖放在中央的位置，然後能量被釋出，充滿了整個空間，提升了室內的頻率。能量療癒了那個空間。那是很棒的感覺，美好、愉悅。大家很開心能在那裡。

朵：那些是需要療癒的人嗎？

雪：他們看起來沒有生病。他們是幾家人聚在一起，開心而且正面，像是調頻。

朵：也許這個調頻是要維持他們的健康？

雪：我不知道他們需不需要維持健康。那是讓他們快樂。他們聚在那個房間，那是開心的時刻。把能量帶到神廟裡的那個房間，使一切都開心明亮了起來。感覺像是個慶典和儀式，一個特別的活動。我這樣進行了一段時間——不是整天——是一段時間，然後每個人都感覺很好。

朵：你知道什麼時候要停止能量嗎？

雪：我知道。當能量充滿了療癒室，我就停下來，能量會停留一段時間。這裡的每個空間都幫助維持能量，維持能量跟那些人同在。這個建築的材質和形狀是有原因的，它的設計是為了使能量停留更久，讓我們能體驗能量。那個能量感覺起來輕盈，而且是金色的。很美。一旦能量的強度消退，他們……我們就離開。

朵：接下來呢？你就回家嗎？

雪：對。我離開那裡，回到水邊，閃亮的水。閃閃發光的水感覺像是在地面，我就是那樣來到這裡，也是那樣離開的。我回到這個如玻璃般的淺水，水面閃亮，你可以看到金色的水面。

朵：那是你住的地方？靠近水還是離水較遠？

雪：當我們說到我住的地方時，我看到水、沙，還有樹。

他說他住在大自然裡；他不需要屋子，找到什麼就吃什麼，他這樣已經很久了。

我決定將他移動到一個重要的日子，並問那天發生了什麼事。「我看到其他人來了，是該走的時候了。大家都準備好了，我們要離開這個地方。其他人到了。我們要離開是因為有事要發生了。我不知道是什麼事……不安全。要走的時間到了，其他人也在。」

朵：你是指住在那裡的其他人嗎？

雪：不是。他們不住在那裡。他們從別的地方來，不同的地方。神殿裡的人是住在別的地方。

朵：他們想見你的時候就過去神殿嗎？

雪：對，我是一個人住。但其他地方的人過來了，來很多人。是該走的時候了，因為有事要發生了。

朵：這些人知道嗎？

雪：知道，這是為什麼他們都在。他們離開他們的家，來到我這裡。我們必須走了，因為不安全。

朵：他們為什麼離開他們的家？

雪：有某個東西到他們的家裡。我想說……是一個人或能量……所以他們不能留在那裡，必須離開。感覺像是一種感覺還是一種能量過來了，一個以前沒有的東西現在在迫使我們離開，因為它在後面跟著。它讓人不舒服。像是一股沈重的能量在逼我們離開。他們逃到了我這裡，但還是不安全，因為它要來了，我們現在必須離開了。他們來這裡找我，這樣大家就可以一起離開。

朵：你知道那是什麼嗎？

雪：那是個能量源，一個負面的能量源，如果我們留下來，我們會死的。所以我們必須離開，去別的地方。我們現在要進入水裡，去遠行。

朵：你們要怎麼做到？

雪：我就是這樣旅行的。透過水裡的門戶。我就是這樣去神殿的。

朵：我以為如果你們要一起走，會是搭船還是什麼的。

雪：水裡有個東西，像個地面墊還是什麼的。當你踩在沙上進到水裡，那裡有個可以進出的門戶。我們能夠一起進出，我不是唯一可以使用的人，別的人也能使用那裡進出。

朵：當你進入這個門戶時，是什麼感覺？

雪：就好像你變成空氣或是光或能量。我們站在水裡的沙上，我們移動，然後通過門戶。我們可以到神殿，那是它通往的地方之一。我們現在要去神殿了。大家一起過去。

朵：那麼當你們到了那裡，你們又有身體了？

雪：沒錯。大家離開了那個地方。我們到了水邊。我們到了另一個地方，很遠。是不同的地方。不同的星球。

朵：當你們到了神殿，發生了什麼事？那個能量找不到他們了。你們在那裡安全嗎？

雪：其他人安全了。但我被那個負面能量影響了。

他說他的腿和手感覺怪怪的，一種奇怪的麻刺感。我沒有特別關注這點，但我下指令讓他不要有任何身體感受。他現在解釋那個不尋常感覺是那個負面能量所導致。

雪：神殿是安全的地方。那些人從水裡出來了，但我沒有。我沒辦法進去神殿。我回不了我的身體。負面能量影響了我。

朵：那麼當他們從水裡出來，離開門戶，他們回到自己的身體？（是的。）而你現在無法回到你的身體？

雪：對。我現在在水裡。我被能量影響了。

朵：你對這個情況有什麼感覺？

雪：我對大家在那裡會很安全覺得很好。

朵：你現在打算怎麼做？

雪：我快死了。

朵：因為你沒辦法回到自己的身體？（對。）你認為那個負面能量是從哪裡來的？

雪：是掌控的人，統治的人傳來的。

朵：這個國家，這塊土地（的統治者）？

雪：這是個行星。

我覺得既然他已不再有身體的束縛，他應該能夠取得資料。於是我問：「為什麼他們要傳送負面能量到你們住的地方？」

雪：為了殺掉人們，控制人。他們不喜歡我們能夠來來去去到別的地方，不喜歡我們開心。他們想要阻止。

朵：能量對你的影響比其他人嚴重，這是有什麼原因嗎？

雪：它碰到我，而我沒有躲開。我身邊通常有很多人，我們無法移動得很快。那時人太多了，我們需要大家都到水裡才能離開，但當時時間不夠。

朵：你說你就要死了？這是怎麼發生的？如果你想的話，你能以觀察者的角度來觀看。發生了什麼事？

雪：我放下了。沒有留下來的理由。我可以離開了。

我告訴他每一世都有個課題，一個人生目的，我想知道他從那世學到了什麼。「我學到我們從不孤單；我們是命運共同體。」

接著我召喚潛意識告訴我們有關這個奇怪催眠的答案。我問為什麼選擇那一世讓雪莉觀看。

雪：為了要她記得，她並不孤單；她不必犧牲自己。

朵：她覺得她是在犧牲自己嗎？

雪：對，有時候。

朵：怎麼說？

雪：為了幫助別人。她不必阻擋負面能量而讓那個能量觸及她。她在那一世為了幫助那些人犧牲了自己。

潛意識解釋，她這世在工作上犧牲自己，而且工作場合有很多負面能量影響她，這是她的身體問題的主因之一。她這世曾經歷過一段令人不安和害怕的時期，那時她的眼睛變得奇怪，兩眼無法正確轉動，無法同時注視物體。這造成她的視力困擾，她不得不暫離工作，直到矯正完成。醫師無法解釋這個現象，認為她有罕見疾病，或可能是多發性硬化症造成，於是給她打針。「她需要離開工作一段時間……為了視力……為了能再看得清楚。如果不這樣的話，她不會讓自己有任何的休息時間。這個情況確實引起了她的注意。」潛意識解釋她沒有生病，那些注射的藥劑也不會影響她的身體。潛意識有能力將身體系統裡不需要的東西清除出去。「這是要提醒她，她知道的事。要她記得。她必須清除曾有的一些錯誤信念，那些造成恐懼的信念。最主要的錯誤信念就是她生病了。」我請潛意識掃瞄她的身體，看看有沒有必須留意的地方。她的脖子有些問題。「僵硬死板的思維。緊抓著怒氣不放。」

朵：她為什麼憤怒？

雪：她認為別人是錯的。她現在將會開始用不同的角度來看待事情了。

她被告知她會離開現在的工作，朝不同的方向發展，潛意識還不能告訴她是什麼，只說她會被引領到那個方向。我好奇會不會跟療癒有關，就像她在其他世所做的一樣。「她在許多方面都是療癒者。她療癒的層面遠大於療癒員工和病人。」潛意識不想在這時候進一步解釋，只說她會用上她的療癒能力。

雪莉向來很被雷姆利亞吸引。我詢問潛意識，他們說：「雷姆利亞是很特別的地方，她跟雷姆利亞有很深的連結。她在那裡有過許多轉世和經歷。我們給她看的這世就是在雷姆利亞。」

朵：當時有負面能量，而且幫助摧毀了雷姆利亞？

雪：是的。那是個負面能量場，它被傳送並橫越了整個大陸。那是蓄意的。有權勢的人發送出去的。

朵：是為了什麼目的？

雪：為了除掉能到其他地方和逃離的人。那些擁有知識和途徑的人。

朵：那些是統治階層想除掉的人。（對。）她也一直被水晶和金字塔吸引。她進行療癒的那個地方大概是金字塔形狀，是嗎？

雪：是的。但她對水晶和金字塔的興趣是來自其他世。她使用這些能力有很久的歷史了。使用這些能力對她是很自然的事。她只需要記得，她將會有重大的改變。她會改變自己，也會改變她所做的工作。隨著她記得的越多，越能幫助她做出這些改變。現在就是時候了。

臨別訊息：「記得你是誰。你有能力做到你這生要做的事。」

★ ★ ★

我們在別的催眠案例裡曾被告知雷姆利亞的存在早於亞特蘭提斯文明。那時候的人類型態跟後來不一樣，他們不是那麼固態，而是較為氣態，所以可以更容易改變形體。到了亞特蘭提斯時期則變得較為固態，與現今的人類更相像。這兩個文明都有強大的心智力量並且精通療癒。

我的其他書裡也有談到門戶，尤其是《迴旋宇宙二》的第六篇（請見《迴旋宇宙二下》）。門戶是用於時光旅行和穿梭各次元之間，這是外星人在行星間旅行的主要方式之一。顯然地，在雷姆利亞時期，這些門戶被一般人廣泛地使用。

第十六章 亞特蘭提斯的女祭司

妮娜教導有特殊教育需要的孩童，她也有自己的療癒中心。

當妮娜從雲端下來，她發現自己站在一處沙地，那裡很像沙漠裡的綠洲，但吸引她注意的是在面前突然出現的一個開口，彷彿是通往另一個次元的大門。它看起來是個電梯門，就在她正注視的時候，裡面出來了很多人，有男有女，他們快速地走過她的身邊。那些人沒有看她一眼，好似她不在那裡似的。他們忙著說話，做自己的事，完全沒有注意她。接著那些人就不見了，開口則砰地一聲關上。

現在她的注意力回到她所在之處。「這裡像是個綠洲。一個來參觀、休息的地方。來這裡享受或我們所說的『度假』，並不是居住的地方。這裡很暖和，但不會讓人感覺不舒服。」她發現自己穿著短裙，腰間綁著柔滑的絲帶。看起來像是埃及人多過希臘人。她是個中年女子，赤著腳，紅色的捲髮堆在頭頂，頭髮圍了一圈很特別的鏤空花樣的頭飾。她穿戴著精美的首飾：一個渦旋狀的厚實金手環，搭配同樣厚重的金項鍊，項鍊上有個金色圓片，圓片上鑲了顆紅寶石。首飾很陽剛，比我們今天配戴的要來得重。她也戴了純金耳環。我曾有其他的催眠個案提過這類精心設計的首飾有神奇的力量，它們被用在魔法或療癒的儀式。「那些首飾有用途嗎？還是只是好看？」

妮：它們是有目的的，跟我在團體的地位有關。我是團體裡比較菁英的階級。這些首飾顯示你的身分。

朵：你的身分是？

妮：他們在那個時代稱為女祭司，秘密宗教儀式的女祭司。

朵：你住在那附近嗎？

妮：我想我可能跟其他人一樣，都是旅行到這裡的。我不是住在附近。

朵：你怎麼過來的？

妮：坐船。

我請她描述那艘船，並問她那是一般在海上航行的船還是什麼？「它很亮，形狀像個泡泡。」嗯……這聽起來並不像是普通的船。

妮：這個泡泡前面比較大，到後面越來越窄。它可以進到水裡，也可以漂浮在水面上。它是透明的。這艘船比較小，只用在短距離，如果要繞半個地球就不行了。我想它是只在有限的範圍使用，因為我不認為它的燃料足夠去很遠的地方。這艘船可以載五個人。他們帶你上船，船會停留到你們準備好離開。

《迴旋宇宙》系列提過，亞特蘭提斯人在撤離時曾使用類似的海船。

朵：可是這些人不是你一開始時看到的那些人？

妮：對。那些從門裡出來的是另一件事。

朵：當你們都回到船上，返回你們住的地方，那裡是什麼樣子？

妮：很美。你可以說它是個島。有美麗的岩石、山丘和樹木，周圍都是海的味道。有鳥，有風。這裡是個城市，我們住的房子很簡單。我因為是神秘女祭司，房子稍微大些。我有我使用的東西。我有我的石頭（指水晶）。我不會說我工作的地方是個神殿，但……我不知道那個時候他們會怎麼說。人們來到我工作的地方，我使用水晶，還有裡面放了花朵的水。他們根據自己的需要喝這些水。這裡還有個地方可以讓他們躺在浴缸裡放鬆——跟我們今天的浴缸不一樣——這比較是石頭做的，裡面有油、藥草和花朵，他們躺在裡面，幫助他們的身體康復。我使用藥草、水晶跟唸咒。

朵：如果他們生病了或不舒服就會來找你？（對。）你是一個人住在這個房子？還是有家庭？

妮：沒有家庭。我不結婚的。

朵：你有教別人嗎？

妮：我做療癒的工作，但有人會來跟我學習，他們比較像是我的學徒。

朵：你戴的首飾跟療癒有關係嗎？

妮：紅寶石的力量很強大，我覺得是保護的作用。當光穿透寶石，它可以作用在人們身上。寶石掛在我的項鍊上。如果別的方法都沒效，我可以把寶石拿下來，讓陽光穿過它，照在某個人不舒服的地方，直到那個部位被療癒。

有很多人來找她治療。她有的治療是透過水晶，她有大大小小和各種顏色的水晶：透明的、紫色的、粉紅色的、綠色的、橙黃色的，還有黑、藍和深藍，透明和不透明的。這些水晶各有不同的用途。小水晶放在身體的不同部位，最好是放在脈輪上。這是在他們從浴缸裡出來，穿好衣服然後躺在草墊時進行。較大的水晶則是圍著墊子放置。她也使用藥草和油。房子的正中央有一個用石頭圍出來的空間，裡面燃燒乾燥的植物，植物燒出的煙也被認為有療癒的效果，過程中也會唸咒。

她說明自己是如何獲得這些知識。「在我之前的人傳給我的，我不認為是家族的傳承。如果你表現出具有這個能力，你會被更高階的男性選來做這個工作。你在幼年和成長時期如果表現出有成為這樣的療癒者的傾向，他們會把你帶走並教導你。我想到『光之子』這個詞。如果你展現出你是這樣的孩子，是光的孩子，是神秘和神奇的，你就會被選上來學習做這個工作。」

朵：所以不是每一個人都能做這個工作。（對。）你對這件事有什麼想法？你是在做自己想做的事嗎？

妮：我喜歡我在做的事。我喜歡幫助人。這是很重大的責任，但很值得。

朵：你先前去另一個地方……是在這個島還是別處？

妮：是別的地方，就在附近。離我們的島不遠。我們的人會去那裡度假。

我決定將她往前移動到有事件發生的重要日子。「有一個集會。那是向月亮請求指引的重要儀式。有很多、很多人在一個像是戶外劇場的地方圍坐成一圈，台上有人在進行儀式。我也在台上。我們會幫忙，向大家說話和執行儀式，我們向偉大的月亮說話，請祂協助未來的一年並帶來女性能量，帶來愛與和平。和平。」男性和女性雙方都參與了這場儀式。「男性維持光，女性傳送光。大多數女性事實上在進行療癒，但男性必須錨定光，讓光進來。男性並不是真正的療癒者，男性跟女性的療癒角色不一樣，他們做其他事情。這是很重要的儀式，不過比較是女性的事。現在非常接近滿月，月亮在這個階段帶來偉大的，充滿了愛的女性能量，這時也是向月亮請求協助的時機。月亮能指引對我們而言重要的事，像是耕種、收成和凝聚、團結大家。這個儀式一年只進行兩次。」

我想知道他們有沒有任何類型的統治者，她說有那麼一個管理的人，但他不住在島上。「他來來去去。他住在別的地方，他來是察看大家。」他使用的太空船不一樣。「比較大，跟我們的不同。他的幾乎是三角形，有彩色的光，而且沒有聲音，非常安靜，能夠懸浮在城市上空。他看起來跟我們不太一樣。他的頭比較細長。他比較高，頭髮顏色比較淺。他不是用聲音說話。他跟我們透過心靈溝通。」

朵：每個人都有這個能力嗎？

妮：大多數的人能瞭解心靈溝通，我是能瞭解也能使用心靈溝通。

朵：聽起來那個時候很平靜，每個人都很快樂，是嗎？

妮：是的。現在一切都很好。

我移動她到另一個重要的日子。

妮：我看到一片黑。我覺得很沈重。沒有陽光。很暗。就好像我在的地方被烏雲還是什麼的遮蔽了。沈重而且有點哀傷。我覺得困惑。我不知道我在哪裡？感覺非常悲傷和沈重。

我決定將她帶回前面一點的時候，看看是什麼原因造成這個情況。

妮：（驚嚇的表情）噢！……我看到人們在船上。我看到有東西從地面……星球的地面噴出來，黑黑的東西。到處都在晃動。

朵：你是在哪裡看到這個景象？

妮：一艘船上。有很多船。地面上有很多人。我原先以為是這些船在打仗，現在我不這麼認為。我看到有東西從地裡冒出來。

朵：所以不是所有人都上了船？（不是。）你為什麼在船上？

妮：我必須離開，這樣才能帶走並保存我知道的東西。

朵：船來的時候，地球上發生了什麼事？

妮：它已經開始搖動，地裡冒出東西。我進了一艘比較小的船，然後這艘船進入一艘更大的船。我們要去某個地方，我們飛越地面，看到了所有的毀壞和黑暗，感覺好沈重。我們沒有降落，我們只是看著。黑炭色的東西。你可以感覺到震動，就好像地底在震動。那個烏黑的東西噴向天空，形成這個……我能形容的方式就是它看起來像朵烏雲。它遮蓋了一切。

朵：船上還有別的人跟你一起嗎？

妮：有兩個女子跟一個男子。這兩個女子也是有知識的。她們很害怕，焦慮不安。我沒有，我的內心感到平靜，像是種敬畏。（這似乎是奇怪的反應。）我知道一切都會沒事的。

朵：你知道會有這樣的事情發生？

妮：我覺得我知道。

朵：接下來你要怎麼做？

妮：這時候我們只是看著，我們知道我們必須去別的地方。知識必須保存下去。我們不能讓知識被摧毀。知識對存活下去的人非常重要。

朵：好，讓我們繼續前進。你們總要在某個地方降落，對吧？

妮：沒錯。我們花了點時間才到那裡。

朵：是在同樣的星球嗎？

妮：是的，另一個地方。我會這麼說，我感覺那裡像埃及。像是那個地帶。但我不知道是不是在我們的地球。

朵：那個地方有發生事情嗎？（沒有。）只有你們抵達這裡，還是還有其他的船？

妮：還有一些船也平安生還。他們覺得有希望，於是停在另一個地方。我感覺這裡是地球，但也可能是其他星球。不論是哪裡，如果是地球的話，我覺得發生的事是地表下的自然變化。是自然的變化。

我曾有過其他個案敘述亞特蘭提斯的毀滅，當時他們是經由海路逃出。他們緊握神聖卷軸和水晶，也是在很像是埃及的地方上岸。那時候的人原始許多，亞特蘭提斯的倖存者挑選了幾個能夠理解足夠知識的人，將知識傳承了下去。大多數的知識都被封印在金字塔的牆裡，留待後世發現。然而，只有振動和頻率正確的人才能找到。有些倖存者也使用他們從亞特蘭提斯保留下來的心智能力建造了偉大的紀念碑。

我要求妮娜看看他們最後降落在哪裡。

妮：我們下來的地方又是一個沙地，但我也看見後面的山區，我們可以到那裡，住在那裡，我們不必住在荒涼無人煙的地方，然後自成一族和教派。我們有自己的宗教，有很棒的果樹，還有賴以生活的美好事物。我們的知識仍然存在，我們帶來的知識。我們必須分享我們的知識。

朵：你對另一個地方的毀滅有什麼感覺？

妮：雖然我心裡知道會發生那樣的事，我仍然感到難過。我無法改變它的發生。那是需要發生的事情之一。

我決定再次移動她到另一個重要的日子。這天她正往上走在一道長長的階梯，這個階梯通往有著美麗柱子的石造神殿，看起來是埃及的神殿。他們使用知識幫助了當地的人民建造神殿，並將知識傳給挑選出的少數幾個人，其中一位是男性。「因為他需要知道這個知識才能傳承給其他男性。」

我們已經儘可能地了解了那一世，於是我將她移動到那世的最後一天，並指示她，如果她想的話，她可以以觀察者的角度來觀看發生的事。

妮：我看見悲傷。哭泣。悲傷是因為我知道離開的時候到了，不過我還沒準備好離開。我跟我教導的人有很深的感情。要讓自己接受必須離開他們是很困難的事。

朵：你的身體有什麼問題嗎？

妮：我不認為我的身體有什麼問題。我不這樣覺得。我就是知道我的時間已到。我的年紀已經很老很老了，但我覺得我還非常非常年輕。我感覺我是被召喚要回家了。

朵：你怎麼知道你什麼時候該離開身體？

妮：我就是有那個感覺。那個感覺來了，它在召喚我回家。

朵：可是如果你會難過，你不能不讓這件事發生嗎？

妮：我感覺這是我自己訂的協議，我同意了當被召喚時就回去。

她那一世做了很多好事，也將她的知識傳承下去。我指示她來到她離開了身體後的靈界，並要她回顧那世。

妮：他們把我的屍體放在石製的墳墓，用不同的顏色裝飾。我被放在這個神殿的中央，然後他們繞著我的石棺邊走邊唸禱文。

朵：現在你已經在靈界了，你可以看到完整的一生。每一世都有它的課題，你覺得你從那一世學到了什麼？

妮：去教導，去幫助。知道什麼時候是離開的時候，也知道一切都會很好。我知道了我被賦予的知識有多重要，那些知識是為了生存，為了人們。而我依然具有那些知識。

接著我呼請潛意識，問為什麼選擇那一世給妮娜觀看。

妮：為了要讓她知道她這一世也能做到。知識永遠不會失去。她必須在這一世將知識發揚光大。她才剛開始運用一些知識，還有很多要呈現和發展。古老的語言需要被教導。她需要帶來古老的奧秘。這些有很多是來自亞特蘭提斯。

朵：她後來看到的地方是哪裡？

妮：一個秘密之地。

朵：是在地球嗎？（不是。）她最初做這些事的地方是在島上。

妮：那個部分是在地球。也許是亞特蘭提斯。

朵：為什麼他們後來不回到以前住的地方？

妮：他們住的地方大部分被毀了。他們上的那艘船能夠到別的星球，而她帶著知識過去並傳續了下去。現在她必須把知識帶回來。為了這個星球的存續，許多知識必須被人們知道。

朵：地球將會發生事情嗎？(是的。)可以跟我們說說嗎？

妮：將會有很多地方被毀。將會有很多人需要知道這些知識以便拯救地球上的人。

朵：是什麼造成這樣的毀滅？

妮：人。失去了愛的人，還有不相信我們都是相互連結的人。那些不愛我們的地球，還有不愛彼此的人。

朵：所以是人類造成的？不是大自然的關係？

妮：會是兩者，因為一切都是相互關聯。因為那些人掠奪地球，把所有的東西從地底挖出來，沒有復原。他們毒害大家，毒害樹、鳥、魚和湖泊。而且他們不會放棄他們的炸彈，因為他們認為那就是力量。他們錯得離譜。

朵：妮娜能夠度過災難生存下來，帶回這個知識嗎？

妮：我們的計畫是努力向儘可能多的人說話，喚醒種子，也就是協助帶來愛、帶來慈悲。而且要奮戰——不是在戰爭的層面——而是努力使人們明白我們必須團結一起、同舟共濟的層面。我們必須停止傷害彼此，停止傷害我們的地球母親。

朵：這是她在災難發生前必須做的事嗎？

妮：是的，而且（災難）已經開始了。（這個催眠在二〇〇五年進行）

朵：會有時間讓她傳播這些知識嗎？

妮：會有一些時間。一開始的規模很小，但還有其他人在這裡做同樣的事，他們來自不同的世界、來自這個世界的不同文化。還有那些看顧我們的存在體，他們總是說：「我們這次需要再拉你們一把嗎？」

朵：我已經遇到很多來當療癒者的人。很多很多人來找我，他們都被告知要來幫助地球。而且他們意識上並不知道。

妮：他們不知道，但現在在醒來了。我想我們不再會是少數，不過暗黑很努力地在奮戰以保有它的地位。

朵：她要如何才能記起這些能力？

妮：我們會引導她。她將會接觸很多人。她會知道他們以前曾經一起，她會接觸到那些知識。

朵：當她進行療癒時，她本能上會知道要如何使用這些知識嗎？

妮：不，在某種程度上，她將會重新學習。

朵：我以為也許你們可以喚起她的記憶，讓她把知識帶回來。

妮：我是可以，那會是比較快速的方式。我可以安排。但她對於再次使用油、藥草和水晶懷有恐懼，她的恐懼是因為這些以前被誤用過，但不是她。……她的聲音……會是目前最好的工具。她要為許多存在體說話。

朵：你們的意思是？

妮：議會裡很多存在體要她說話。

妮娜在催眠前的訪談告訴我，有個奇怪的現象在她為人按摩治療時發生。她會開始說起不同的語言，而且她能了解，但她卻從來沒有學過這些語言。有些她說的語言是她和顧客從沒聽過的。當那些話冒出來時，往往令人吃驚。

這是她想問的問題之一：這些說話聲、這些不同的語言是哪裡來的？

妮：她有很多世都是偉大的療癒者和煉金術士。她有這些奧秘知識。

朵：那麼我們看到的那一世並不是唯一的一次了。

妮：沒錯。她有過許多許多世。她累積了許多不同類型的療癒知識。這些訊息應該要透過她的聲音傳播出去，她也需要使用雙手來做療癒。對了，還有她的花和水晶，但開始時腳步要放慢些。

朵：她想知道為什麼她在說那些不同的語言。

妮：他們就是她。當有人需要聽到她所知道的那個時期和地方的語言時，他們就會說話（指那些語言就會出現）。這是為了教導正在聽她說話的那個人。

朵：所以那些是她在不同時期所知道的語言？

妮：對。而且有些是來自一個集體的，更高的力量。有的是現代人不懂的語言，非常古老的語言。但它們有力量，很大的力量。

朵：她想知道這是怎麼運作？

妮：是話語本身，還有語調。她對不同的人說的話也會不同。因為他們需要那個聲音、那個字說出來的方式，他們需要它在他們的細胞架構裡重現。

朵：就算他們不懂那些字的意思？

妮：沒錯。他們在細胞層面上是知道的。

我曾有過其他案例，個案在催眠狀態下會突然說起奇怪的語言。有時是能識別的語言，而且跟他們正在體驗的過去世有關，但也有聽起來是完全陌生語言的情形。我有一卷錄音帶，個案連續半小時不間斷地說著一種不知名的語言。我曾在世界的許多地方（包括有許多方言的印度）播放這卷帶子，但沒有人知道那個語言。瑪麗・羅德威（Mary Rodwell）是澳洲的調查者，她也記錄了這個現象，而且我們發現了相似之處。

朵：所以當她在進行療癒時，她事實上是在「通靈」。她連結了過去世的她。是這樣嗎？

妮：沒錯。她也要用她的聲音淨化水。她要唱歌，對水唱歌。去除負面事物，去除離子的歌，去除所有人放到水裡破壞水的那些負面東西。她要對水唱歌來清除這些負面能量，把它們送去回收。

朵：她會知道該怎麼做嗎？

妮：我會這麼說：她到水邊，把雙腳放進水裡，要求所有能幫助她的存在體和力量過來，然後歌就會從她嘴裡唱出。不會有問題的。她這一世的目的是為了善。她這次的目的是幫助拯救地球。不是從船上旁觀，因為這次有很多事是她可以幫忙的。她是要來參與，不是來旁觀的。

朵：這次催眠剛開始時，她看到某個像是出入的門，然後有好多人從裡面出來。那是什麼？

妮：那是所有曾經的她，那許多人都是她。

朵：他們甚至沒注意到她。

妮：沒有。那主要是為了讓她看到他們。

朵：那個門是什麼？

妮：是去別的次元的出入口。

那個畫面就像是許多世的她，從她自己面前經過，而潛意識在試著決定我們該專注在哪一個。這些人都存在於別的次元，而且會繼續存在。我們在這次回溯時連結到的可能就是其中的一個次元……。

第十七章 奇特的結構體

茱蒂絲是位迷人的女子，她在環保機構工作。這六年來，她感覺有股能量通過身體，使她的頭不由自主地抽搐。她想了解原因，也想知道療癒和通靈的事。

當茱蒂絲從雲端下來時，她看見一個不尋常又奇怪的結構體。她試著形容：「那是兩個往上的階梯在最上面會合，有點像是金字塔，一個A的形狀……這個結構體的右邊有個階梯往上，左邊也有個階梯往上，然後階梯在（建築物的）中間會合。這是這個看來是某種長形建物的外觀，它有點棕褐色，接近淺土灰色，看起來不像是泥磚。很難分辨。我從來沒看過這樣的東西。我現在就在這個建物的下面，兩道階梯交會的下方。我不知道我在哪裡。我不知道這是什麼東西。」

這個奇特的結構體座落在看似叢林裡的一塊空地。「周遭似乎是更濃密的森林，許多樹木遮蔽了天空。我覺得這裡應該很熱，但因為這些樹林的遮蔽而涼快許多。這是唯一的建築，從我的位置能看到的唯一建築。我不明白階梯往上會合的目的，沒有道理啊，那裡並沒有平台或什麼的。真怪，這兩個階梯就這樣銜接。上去之後，你可以就直接從另一邊的階梯走下來！」她繼續繞著那個建築物走，她在尋找入口。「這邊沒有入口。我去另一邊看看……我看不到任何進去的地方！它看起來沒有門！這真的非常奇怪。」

我請她描述那個人的樣子。她看到的自己穿著很原始的涼鞋，看起來是用某種纖維製成。「那是男人的腳！不是我的腳！」她驚訝地大喊。她的身上是一件及膝的薄棉紗袍，袍子包住她的身體。「那是一條長布料，從背部開始包裹，穿過一邊的肩膀再緊塞到腰部。」這個身體顯然是個年輕男性，精瘦而且很健康。淺褐色的皮膚，很黑很黑的頭髮。鬍子剃得很乾淨，身上也沒有什麼體毛。她戴著一頂發亮的金帽子，帽子有下垂覆蓋耳朵的部分。「帽子很亮——不是尖頂，是圓的，但不是完全合我的頭型。這頂帽子有個用途，跟能量有關。跟操作一種能量有關。」接著她驚訝地倒抽一口氣。「它在聚集能量，能量匯集到那個閃亮的帽子，於是我可以使用能量做些事。我不知道這是怎麼做到的，但帽子就像是轉換器或能量收集器。這跟金屬有關（指帽子的材質），跟帽子的形狀有關。」

朵：這個能量從哪裡來？

茱：我想一定是來自其他次元。這是我的感覺。能量來自別的次元。帽子就像是宇宙能量……的一個聚集點或之類的。能量進入帽子，但跟我的頭連結，在某種意義上是跟我的腦袋連結。我用這個帽子做什麼？它以某種方式影響我的大腦，我的腦波還是什麼的。這是收集能量的一種方法，從某個意義上來說，收集能量給自己。這是把能量拉進來的方式。能量雖無所不在，但這個帽子能夠集中能量，我絕對可以感覺能量流過我整個身體。這個感覺真好。這是療癒的方法嗎？……這跟那個建物有關。（停頓很久）我走到牆前面，我在裡面了。

朵：你是怎麼穿牆的？

茱：就這樣走過去！這裡沒有門，因為……我想我不需要門！這絕對跟能量有關。它影響了我身體裡的分子。

朵：哦！所以你能夠穿過牆壁？

茱：對。裡面有點暗，但有亮光。就像這裡完全沒有光源，卻有不知道從哪裡來的亮光。帶點金黃的光，空間裡還帶點紫紅色。——這個建築從外面看起來是長形的，但在裡面卻像是沒有空間。我沒有覺得這裡有從外面看起來那樣的長度。

朵：你說沒有空間是什麼意思？

茱：嗯……你知道當你從外面看著一個建築，你會想：「喔，我從這邊走到另一邊需要多少時間。」因為如果你在外面走就需要花上那樣的時間。但當你到了裡面，空間改變了。它不一樣了——就像是裡面沒有空間。（笑）我不知道要怎麼解釋。裡面沒有空間，但裡面**有**空間。就好像你是在一個完全不同的建物裡。

我在調查被外星人綁架事件時便發現了這個空間扭曲的概念。曾有個案進入一個他以

為很小的太空船，結果發現裡面竟然是外面看起來的五倍大。

朵：那裡面有任何東西嗎？

茱：周圍都是這個光芒，但它並沒有把牆面照亮。它就只是在那裡。它從哪裡來的？這裡面絕對有能量。我好像在跟著裡面的能量一起嗡嗡振動。

朵：所以這個能量跟來自帽子的能量不一樣？它們是兩種不同的能量？

茱：有來自帽子的能量，還有這裡的能量。這裡的能量並不是這個光芒創造的。我現在是身在這個能量的一個空間裡，我使用帽子讓我進入一種——也許是頻率？我因此能進入結構體裡的這個空間。

朵：因為要有帽子才能穿過牆壁，是嗎？

茱：是的。它讓我進入一個頻率，而我跟這個頻率能夠相容。在這個結構體裡，我比較像是融入在能量的來源，而帽子使我能接觸到這個能量源。它讓我接觸連結上那個能量，我因此來到能量的來源。

朵：你在那裡面除了亮光，還有看到其他東西嗎？

茱：沒有。這裡幾乎就像是另一個次元。沒有傢俱，沒有物體。沒有空間，但有空間。空間很大。我感覺如果我走路的話，我可以一直走，不會有盡頭。但同時這裡也沒有空間。

朵：可是這個能量是好的能量嗎？

茱：是的。絕對是的。它是更高的振動能量。

朵：你用這個能量做什麼呢？

茱：我在裡面收集能量。我被注入能量。當我離開的時候，我會把能量源帶出來。我離開這裡後會用它來做些事。我知道什麼時候不再需要在那裡面，那時我就會離開。

朵：你要怎麼離開這個建築？

茱：就走出去。我在心裡想，我現在要離開了，然後走出去。下一秒我就在牆外了，可是我在裡面並沒有看到牆。就像是透過形成的意念，我可以穿牆而過。我現在人又在外面了，我只要有回到能量源外面的想法，我就會在牆外，就在建築物的外面了。這裡就像進入這個能量所在的特定次元的門戶。

朵：你不需要更深入那個次元嗎？你只是去那裡收集能量。

茱：是的。因為當你到了那裡，你並沒有別的地方可去，全都在那裡了；在那個當下，在那個地點，全在那裡。某程度來說，你像是沒有了身體，因為它改變了你的分子結構。所以如果你能走動，你也沒有地方可走，因為你就是在那個能量裡。而且那個能量充滿了那個地方。我不知道還能怎麼解釋。

這跟《迴旋宇宙二》裡（見下集第一章），走進山側就消失在另一個次元的原住民的情形挺類似。

現在他又在那個結構體的外面了。他沿著一條穿越森林的路徑走離那個建物。「這裡有個村莊，有其他人，而我是唯一戴這個帽子的。我試著弄清楚狀況。這些帽子是我做的嗎？我現在回來了，而且這裡有金屬，我用金屬做什麼？好像是燒它？我在塑造這個金屬？這個能量被注入金屬裡……我去那裡，收集能量回來，然後用在金屬上。我有能力取出能量再放到金屬裡——我在試著看我在這裡做什麼……我把金屬做成不同的形狀，有些是桿子，有的比較像球體。做成球體或細長的金屬桿。這個金屬原本很暗沉，但在我處理後，它變得非常閃亮。跟我一開始進行時的結構完全不一樣了。」

朵：嗯……我在想這是不是跟那個能量有關。

茱：我認為有關係！

朵：你做了這些不同形狀的金屬，然後呢？你拿來做什麼？

茱：我現在在看自己做這些事，我在感覺這個人的感受。——他在做的事對他來說並不特別。他運用能量工作，這對他不是什麼大不了的事，只是他做的事罷了。我有感覺他希望能做別的事，但這是他的工作——從根本上來說，這是他的命運。並不是說他不開心，只是這件事沒什麼大不了。你知道的，當你那麼擅長一件事，它對你來說如此容易，你就會有點無聊了，不是嗎？就是那樣的感覺。他把那些東西放在托盤上，托盤有個高起的邊緣。托盤是不同類的金屬做的。托盤在旋轉，他的手指在轉動托盤。你知道當你用黏土或什麼的製作花瓶時，有個東西在轉？然後你形塑黏土……這就像是那樣。他把這些金屬物品都放在托盤上轉，現在轉速很快。我不知道這有什麼作用，我必須用不同的角度來看看是怎麼回事。那些東西像是固定在托盤上，沒有搖晃，沒有動。所以可能是有某種磁力把金屬都固定住了？盤子一直在旋轉，一直轉。

我要他來到轉盤結束旋轉之後，看看他是怎麼使用那些金屬。

茱：它停了，看起來沒有什麼不一樣。不過這麼做之後，能量上會有變化。他現在把每一個都拿起來測試。他用他的心靈去感受是否正確，接著他把它們放到一個箱子裡。你知道裝酒的箱子吧？每瓶酒都有各自的插槽，存放的位置，酒瓶跟酒瓶中間隔了紙板，有點像那樣。這個箱子也是金屬做的，他把每樣東西都放進各自的小格子裡，然後拿出去賣。我想這些是療癒棒之類的東西。他教人怎麼使用。他賺得不多，因為就算能量從那些東西消散，也要花上一段長時間（笑）。

朵：所以他們可以使用很久。

茱：對。我想他們也可以拿來用在別人身上！所以他並沒有賺很多錢。

朵：這些東西是用來治療？（對。）你看到他們怎麼使用嗎？

茱：他喜歡橢圓形的，長橢圓的。他們用雙手捧著。（她的雙手做出捧東西的樣子）然後閉上雙眼，能量會通過他們。接著他們專注在想要治癒的地方。比方說，如果他們受了傷或有什麼疾病、病症……他們可以專注在手上的能量碟或棒子上；不同的形狀有不同的功用，而病症就被治癒了。

她解釋他們會把圓盤狀的能量碟捧握在掌心，長的能量棒則是用雙手握住。

茱：我能夠感覺能量流過棒子。（停頓）我想瘦長的棒子跟身體比較有關。身體方面，比如受傷，也許是扭傷腳踝或類似情形。橢圓形的則是讓你連結靈性事物。形狀確實能改變它的功用。

朵：他是唯一能取得那個能量並做出這些東西的人嗎？

茱：是的。他是那個地區唯一的人。

朵：所以他做這些賣給別人。

茱：對。這跟錢無關。那裡沒有錢這個東西，而是交換這類的事。我沒有覺得那邊的人擔心錢，或是他們會擔心「我的錢夠不夠用？」這樣的事。人們能夠以物易物或有那類機制。那裡沒有很多物質品，那不是他們在意的事。

接著我要她離開那個場景並前往一個重要的日子。

茱：我正在看天上的一個巨大鑽石，它有好多切面，很像是把兩個金字塔底對底的放在一起。好美！它閃閃發光，像是水面上的閃爍陽光，而它就在天空。我現在正看著它——我不知道它是不是在自轉，不過它有在動。它的形狀雖然一直維持固定，但持續地改變一點點，這讓它看來像是在來來回回的稍微移動。

朵：那是什麼東西？

茱：（停頓）信使。（這是個奇怪的回答。）它是信使，它在告訴我事情。我現在是自己一個人，我又在一個森林裡的空地，不是同一個空地。我並不知道那個東西會在那裡。

朵：也許這是為什麼它出現在你面前的原因，因為他們不想讓別人看到？

茱：對。不過我也不知道別人**能不能**看得到。

朵：你說它是信使，在告訴你事情。它是怎麼跟你說話的呢？

茱：我不知道……透過能量。我現在接收到一波波的能量，但你不是看到這些能量波過來，而是感覺到。它離我很遠，但我能感覺那些波打在我身上。

朵：你很習慣能量的工作。

茱：對，但是那個能量（指在結構體裡的能量）就只是在那裡，而這個能量卻充滿資料。從某種意義上來說，它在告訴我將會發生的事、我需要如何應對，以及我需要怎麼指導別人處理。你知道，這些人不太關心這種事。我是他們其中一員，但某方面來說，我又不是。他們喜歡那些棒子的療癒功用，但他們卻沒有任何感謝和體會。他們也已經失去對季節變化，對人生事物變化的欣賞。

朵：你的意思是他們像是把一切都視為理所當然？（對。）你說你不是他們其中一員是什麼意思？

茱：我很瞭解能量，知道能量如何運作。他們沒有半個人在意！沒有任何人想學。他們不懂，如果我走了，就沒有人能做這些棒子，以後就沒人能被療癒了。他們像是把一切都視為理所當然，他們不了解因此的結果。我了解結果會是如何。他們原能夠進步到不再需要這些東西，療癒棒是幫助他們了解他們能夠藉此進步的工具。但因為他們有了可以移除痛和各種不適的工具，他們覺得夠了。他們不想進步，因此一旦這些工具沒有了，他們將回到原來的日子。他們不會進步，他們將回復原狀。

朵：他們甚至也不會試著去做，因為不知道要怎麼做。

茱：他們不知道。

朵：你先前說你不是那裡的人？

茱：對。我的意思是我跟他們是有區別的，我想也許我原本就不是從那裡來的。我很不一樣。但因為他們不在意，我也不再在意自己做的事了。

朵：如果你不是那裡的人，那你是從哪裡來的？

茱：我從鑽石那裡來的。

朵：信使那裡？（對。）這是為什麼你能懂它。（對。）但聽起來你在那個地方待了很久。

茱：對，沒錯。我在這裡待太久了。太久了。社會沒有進步，終究是要退步。這把我的熱忱都磨光了。我做這些東西給他們使用，而我總有一天會離開，然後他們就不會再有這些棒子了。令我難過的是他們根本不在意。沒有任何人這麼想：「哇，我們真的需要對這些有更多了解。」

朵：你是在那裡出生的嗎？你是怎麼到那裡的？

茱：我還是嬰兒的時候，有人在樹林裡發現我。我是被撿到的。那些存在體把我留在那裡。

朵：來自鑽石太空船的存在體？

茱：我想是的。對。

朵：那些存在體長什麼樣子？

茱：他們非常高，又瘦又白。高大。

朵：你跟他們長得一樣嗎？

茱：不，我比較像人類。他們不是人類……那他們是怎麼會有我的呢？

朵：如果你想知道，你會找到答案。（沉默）你能看到你原本是從哪裡來的嗎？

茱：我在一艘船上出生，我是出生在那個鑽石形狀的東西。這個星球有幾個人也住在那上面，他們像是已經超越了（人類層面）之類的。

朵：他們看起來像人類嗎？

茱：噢，是的，他們看起來就跟這個星球上的人一樣。我的「形成」跟某件事有關，我不知道是不是基因工程還是什麼。

朵：這讓你跟別人很不一樣？

茱：對，所以我能下去幫忙。

朵：那就是你出生的目的。

茱：對，但結果沒有成功。

朵：好，讓我們回到之前你站在外面看著那個鑽石形狀東西的時候，你說它是給你訊息的信使。你說訊息跟將要發生的事情有關？

茱：對。不過那不是直接訊息，並不是直接對我說：「好，將會發生這樣那樣的事。」不是這樣，而是我會自然的知道。所以當有什麼事要發生，或什麼時候會有壞事發生，我能感覺得到。而基本上，我很快就要離開這個地方了。

朵：你說你也覺得無聊了。

茱：對。但我是快要死了，還是要回到船上了？我不知道。

朵：我們能找到答案。我們可以濃縮時間，來到事情發生的時候。你是怎麼離開這個星球的？

茱：（沉默了一會兒）我現在回到船上跟他們一起了。

朵：你是怎麼回到船上的？

茱：跟我去那個建築一樣，同樣的方式。我像是被傳送到那裡。有可能是從那個結構體被送走的。我進入那個建物，然後他們就能——我就在船上了，我在那裡了——不過我很難過。

朵：你為什麼難過？

茱：因為我覺得我讓他們失望了。

朵：你已經盡力了。其他的就看那些人了，不是嗎？

茱：是這樣沒錯，但這些高瘦的存在體曾對這件事抱著希望，他們努力嘗試，我是他們讓那個社會進步的希望。

朵：可是人們並沒有好好利用那次機會。那不是你的錯。

茱：對，但我總是在想，「我原本還可以做些什麼？」因為我現在是在不同的角度觀看了。我現在這麼想，也許當初我可以跟他們多說說，也許我可以……我那時對他們有些不屑，所以沒有盡最大的努力。現在有兩個存在體在跟我說話。（停頓）我告訴他們我覺得自己失敗了。（停頓）他們剛剛傳送給我沒有評斷，沒關係的感受。他們不是用言語，而是透過能量傳遞訊息。情況並沒有如希望的那樣發展。但我努力了，他們也了解我因為這整件事而情緒低落。

朵：你只能盡力而為。

茱：（傷感地輕聲說）是啊！

我接著將茱蒂絲帶離那個場景。看來似乎沒有必要將她帶到死亡的那一天，因為那可能是好多年後才發生。我想我們已經涵蓋了故事的重點，於是我呼請潛意識前來說明這次的催眠。「為什麼你們挑選那一世給茱蒂絲觀看？」

茱：因為我們要她知道這就是她的工作。她知道自己能感受到能量。這跟那一世，跟她所有的經歷，所有的人世都有關。

朵：你們的意思是她在所有的前世都曾跟能量工作？（是的。）是在地球還是別的地方？

茱：在很多的星球。她剛剛看的那世並不是在地球。她大部分的前世都在處理能量。其他世是學習世，學習處理存在的特定面向，好幫助她將能量運用得更好。

朵：但在這一世她還沒有用上這個能力，是嗎？

茱：她在用了，但不是有意識的使用。

朵：她說她感覺能量流過身體，有時候還會很強烈。

茱：對，她仍在學習如何實際使用這個能量。

朵：她體驗到的能量是從哪裡來的？

茱：來自她本身的其他面向。能量被過濾，進入這個部分的她所在的次元，在某程度上，她明白是怎麼回事。這就是她，但她一直很難接受。在她能在這個層面有效使用這個能量前，她必須面對並接受某些事情。首先，她需要接受這是她的存在的一部分。再來，她需要處理比較人類的情緒，處理覺得自己不值得、恐懼跟別人不同的這類性質的事。她必須先在自己身上下功夫，改變自己，才能夠去做她想做的能量工作。她將能用不同的方式接通這個能量。有很多很多接通這個能量的方法。她只想著自己知道的，療癒是其中一個，傳輸資料是另一個。但她想到的只是口頭上的方式。有許多接通並傳遞資料的方法，不只是言語。她在其他次元的時候知道這些，不過在這裡的她並不懂。

朵：因為身為人類的我們主要是用言語，這是我們運作的方式。

茱：是的。她能以自己想要的任何方法來使用能量。療癒是她有興趣的事，因為她喜歡幫助人。能量之前被收回過一小段時間，好讓她適應某些事。但現在能量又回來了，她將要學習如何更有效地處理更多能量。她確實控制能量，但她不了解她控制的方法，她認為她應該能用她的意識來控制，不是的。當她進入別的次元時，她能自動對這些能力和她本身的能量有更多控制。她將會達到一定程度的理解，自然的知曉。這些知曉、資料會在那裡。隨著她接受自己是誰，自己的身份時，知識也會隨之而來。這個能量是知識與療癒的能量。

★ ★ ★

朵：為什麼三歲對茱蒂絲那麼重要？她一直會回想三歲的時候。

茱：因為那是她完全進入這個身體的年齡。那個年齡的她仍擁有她在其他層面的知識。她是在三歲的時候決定要留下來探索。

朵：你們的意思是她在三歲前沒有完全在這個身體裡？

茱：沒有，她的意識沒有完全進入身體。這事實上是那個年齡的小孩的正常現象。他們在到了一定的年齡之前，會一直進進出出。

我曾被告知這個現象持續到兩歲，但我想實際上可以更久。

朵：所以三歲重要是因為她那時候決定留下來並完全進入身體？

茱：是的，而且她也仍能察覺到在其他層面的自己，她下了很大的決心要使用那些知識來幫助地球。三歲是理想的時機，她那時還沒有完全被這個世界的方式制約。

第十八章 亞特蘭提斯

米契爾是個困難的案例，我花了不少功夫才取得資料。這個情形有時發生在個案是「控制狂」或因職業需求必須較專注在左腦的案例。左腦是處理跟掌控、分析和數字相關的部位。每當我有個案是工程師、大企業的執行長、會計師或是數學教授（這絕對是最嚴重的），我就知道我必須加倍努力帶他們脫離左腦並進入圖形和記憶所在的右腦。

以米契爾的案例來說，他能夠看到畫面，不過看到的都是這一世的場景。我持續帶他回溯到這一世更早的時候，直到他是個小嬰兒。接著我試著帶他到更早之前，這樣他應該就會回到另一世或是在靈界規劃他這次人生的時候，但這個方法似乎沒有用。我很有耐性，而且從事催眠工作超過四十五年下來，我有很多方法和訣竅可以派上用場。跟這類性格的個案合作時，我必須更努力並用上許多技巧，但催眠總是會成功。就算個案試圖反抗，他們在催眠下的時間越久，就會進入更深的出神狀態，而我最終還是能瓦解他們的抗拒並取得資料。大多數的催眠師並沒有這種一再嘗試的耐心，所以他們太早就喚醒個案。我則是知道，如果繼續下去就會成功，只是需要花較多心力。

在米契爾的案例，我試了好幾種不同的方式。雖然他看得到畫面，他並沒有看到過去世或任何有幫助的資料。他已經在出神狀態下一個小時了，所以我知道他的催眠已經夠深，我能呼請潛意識前來。起初，他還試著要掌控情況，阻止潛意識出現。我們的老頑固意識雖然有時很有力量，但那不是我想要的部分，那個部分一無所知，而且也不想放棄掌控。終於，我看到潛意識勝出的跡象，而我有機會跟它溝通。即使如此，我也必須保持警惕，留意意識心溜回來干擾。當我知道潛意識出現時，我的第一個問題便是：「為什麼米契爾沒有看到任何過去世？」

米：他對失敗的恐懼妨礙了他。

朵：他為什麼害怕失敗？

米：因為很久以來，別人都說他有潛力。

朵：他有很棒的潛能，不是嗎？

米：是的，他有。而且他也發揮了一些。

朵：可是他還是害怕失敗？

米：他感受到對失敗的恐懼。他也很痛苦。他有困難臣服，因為有時當他無法掌控狀況，他會感到痛苦。

朵：你是說其他世嗎？

米：其他世和這一世。

朵：這是為什麼他不想看到那些人世嗎？

米：他想看到，但他阻止自己。他害怕失控並承受因此的後果。

我接下來跟潛意識討論米契爾看到這些前世的好處。如果米契爾知道問題的原因，他會更能瞭解這些事對他現世的影響。我建議潛意識就告訴他一些重要的前世，如果它們認為會干擾他的話，他不必看到那些情景。潛意識可以就用說的，這會是安全的做法。「那是發生在某特定時期的事嗎？」

米：那是來自許多不同的時期。發生好幾次了。

朵：這是為甚麼很難只選一個看的原因嗎？

米：是的。他知道自己在亞特蘭提斯時失敗過。

朵：他怎麼失敗？

米：他不夠堅定、不夠強大。他沒有駕馭情緒的能力，沒能將情緒控制在需要的地方，因此無法以他們需要的方式運作能量。要透過水晶運作能量需要非常專注。

朵：有其他人也做同樣的事嗎？（是的。）他們如何引導能量進入水晶？

米：運用心智的力量，他們控制自己的意圖和專注力。如果你的情緒裡有恐懼，你就無法做到。當情緒失衡時，情緒就會造成干擾。當平衡時，情緒能夠使意圖更有力量。

朵：是發生了什麼事而引起恐懼嗎？

米：他懷疑自己是否有能力抗衡那些有其他目的的人的力量。跟他合作的都在他面前了，其餘的亞特蘭提斯人有別的企圖。小我阻礙了這些科技，他們的小我阻礙了更高的目的。

朵：有兩個不同的團體？

米：對。雖然另一組有派別，但他們這個團體的目的也不完全一致，沒有因為目的而團結，他們都很自我中心。另一個團體試圖控制地球母親的能量。他們想要控制……以現代的話來說，用在軍事用途。絕對不是為了人類或是大自然的更高益處。他們成功地利用了能量，但無法控制它。他們不知道自己在做什麼。他們對自己能力的自大想法不符現實。他們並不像自己以為得那麼有能力和強大。

朵：自不量力嗎？

米：沒錯。他的團體在努力支持地球母親，維持她的平衡。

朵：他們是透過投射能量到水晶來維持平衡嗎？

米：是的。你可以說是投射更和諧、充滿愛的能量。當他們自己情緒失衡時，這就會變得困難。

朵：人類很難做到克服自己的情緒？（對。）但在那個時候，他們無法控制他們的情緒嗎？

米：他們曾經做到過，最後還是沒有。沒能控制。

朵：所以到了最後他懷疑自己的能力？

米：是的。到了最後，他心裡知道他們不會成功。

朵：當時有兩個強大的能量在運作，是嗎？

米：是的，這通常是二元界域的情形。他的意圖是好的，他盡力了。

朵：那麼他並沒有真的失敗，只是這個工作太困難、太重大了。最後怎麼了？他們沒能維持正面能量嗎？

米：沒錯。那個情況就像是兩個不同方向的波浪在海岸線相遇，然後兩股波浪聚合，產生了快速移動的能量反應，而這個力量大到可以重新組合地球。

朵：那是很巨大的力量，不是嗎？(是的。)兩股力量相互抵消嗎？

米：沒有。其中一個的力量比另一個大。負面的那個力量大。

朵：你說結果地球重新組合？這是什麼意思？

米：亞特蘭提斯陸塊碎裂了，雖然不是一夕間發生的事，不過這是過程的開始。

朵：所以那是一個緩慢的過程？

米：當時有人立刻死了。亞特蘭提斯和剩餘的人也隨著時間消逝。這是保護的機制。

朵：你的意思是？

米：當心智所聚集的力量凌駕了意識的成長，與其讓一切毀滅，不如移除那些心智，以便重新開始。這是保護的機制。停止出錯、走歪的意識。移除那個意識所控制的科技。在某程度上是重新開始，好讓意識有時間跟上來，即使重新開始需要時間。

朵：可是一切重新開始要花上很久的時間。

米：看起來是那樣，不過時間在整體計畫裡並不是一個重要的問題。

朵：所以這是為什麼亞特蘭提斯必須被毀滅？（是的。）那裡還是有很多好人，不是嗎？

米：是的，沒錯。要記得，所有被毀滅的只是物質面向。

朵：那一世米契爾發生了什麼事？你說他沒能完成所有他要做的事？

米：是的。他的身體死了。

朵：你說亞特蘭提斯有些部分是逐漸被毀滅。它是怎麼被毀滅的？

米：被稱為亞特蘭提斯的陸地最後大部分被大海淹沒。這是重新開始並除去那些有攻擊性的科技的有效方法。

朵：所以他死在洪水裡？（是的。）

請參考《三波志願者》第三十一章，其中對不可思議的強大力量被釋放出來，幾乎要毀了地球的事件有更詳盡的說明。當時的一切必須被摧毀，以防止地球被毀滅的情況發生。

朵：所以他後來都帶著這個失敗的感受，可是他是在對抗難以克服的困難啊。

米：是的，他是的。

朵：所以對於他無法控制的事，他不該覺得是他個人的責任。

米：沒錯。但這樣的想法殘存在他的情緒體並延續到其他世。

朵：所以他在其他世也有他失敗過的這種感覺？

米：有，有。對米契爾來說，他帶有的這個情緒動能往往成了自我實現的預言。現在是放下的好時機。

朵：因為我們不想他繼續背負那樣的感受了。這個業力現在應該還清了，是嗎？

米：沒有什麼「應該」，不是還完了，就是還沒。現在是放下的好時機。

接著潛意識同意移除情緒體裡的殘留感受，但因為自由意志的緣故，它要先取得米契爾的同意。米契爾欣然同意。我請潛意識告訴我它要如何移除殘留的情緒。「它可以完全被抹除，這就像平靜的水面一樣。這是讓水面平靜下來的問題。」在過程中，米契爾的意識心仍然試圖干預。潛意識說米契爾（的小我）努力要回來。我知道這只會阻礙我們目前的成果，於是我要米契爾的小我站到一邊觀看和聆聽，但不要干預。他同意這麼做。當潛意識在處理米契爾的情緒體時，他的呼吸沉重。我在潛意識工作時，也繼續詢問潛意識米契爾清單上的問題。當然，總是會有那個主要問題，那個永恆之問：「他的人生目的是什麼？」

米：他已經在這裡很久了。他參與將能量錨定在地球不同區域的工作。他具有不同的地球本地文化的基礎能量和智慧。這是創造過程的一部分。

朵：你的意思是？

米：地球是所學校。它有不同的教室。不同的教室有各自的頻率支持著不同創意的文化表現。每個文化有它自己的音樂、自己的語言，還有它自己的頻率。

朵：你們現在要他怎麼做呢？

米：就是他之前已經做過但沒意識到的。去世界各地旅行，與薩滿和不同文化的老師見面。他的在場代表感謝他們的存在，以及他們文化天賦的真實性，並有助喚醒那些正在浮現的智慧。在米契爾的情形，他帶著那些原本的，最早的能量片段……來自那些能量的最初錨定。他的在場就像把開門的鑰匙，會完全開啟或重新開啟那些頻率——他在那些文化出現前就在了，他播下了那些能量。

朵：他在那個時候大概沒有物質身體吧。他有嗎？

米：沒有。那是個像馬丘比丘的地方。馬丘比丘之所以在那裡是因為能量已經在那裡了。

朵：而建造這些地方的人感受到那個能量？（對。）

我詢問有沒有任何要償還的業。回答是：「業是個人的事。他已經努力平衡了舊業力……**舊**是個弔詭的字，因為只有**當下**……而他也沒有再造新的業。」

朵：所以至少我們完成了催眠前想做的事，即使我們必須一再嘗試，而且繞了不少路。他的信念阻礙了催眠的進行，是這樣嗎？

米：是的，他的恐懼。

朵：但你們知道我的，我不會放棄。

米：謝謝你。（我們都笑了。）我們會支持他。

臨別訊息：我們很感謝他的心意，他誠摯的意圖和他的真誠。我們很感謝他為了使人類實現完整潛能所做的一切。神保佑你，米契爾。謝謝你，朵洛莉絲，也祝福你。

★ ★ ★

我有其他的案例跟米契爾類似。其中一個是內華達州的凱西，她去了一個水晶城市，那裡跟亞特蘭提斯非常類似，也是運用能量，但這個城市是在另一個星球。潛意識說其他星球也經歷過類似問題，因為那個文明誤用水晶的力量而面對同樣的命運。凱西這世是要帶回使用水晶能量的知識並用在療癒的用途。

另一個案例是來自曼菲斯的克莉絲蒂。她使用頻率機進行療癒，這個機器運用光來調整頻率，使身體和諧。機器是以心智力量操作，它可以透過個人操作並產生純淨的能量。這個機器是真的，它很有效，卻不被使用。別的療癒者比較喜歡用水晶機器，這些機器很強大，但扭曲了能量。他們將水晶跟某種液體放在盒子裡，穿透盒子的光啟動了房裡許多人的力量。這個機器因被用在錯誤的目的（尤其是性方面）而扭曲了效果。

還有另一個案例是曼菲斯的丹尼絲。當亞特蘭提斯人更瞭解能量的使用後，他們的知識也跟著擴展，並對操縱能量非常著迷。他們發現實驗能量和引導能量的新方法，卻忽略了要將能量使用在正面目的，像是療癒和平衡。當能量（透過許多人的專注而有相乘效果）被用在負面的原因，能量便被誤導、扭曲並變得有破壞性。能量變得如此強大，結果適得其反，反噬了自己。這就是亞特蘭提斯毀滅的原因之一。

第十九章 被隱藏的亞特蘭提斯紀錄

茱莉是位年輕大學生，她似乎沒有嚴重的問題需要處理。她來催眠的最主要目的是想知道將來該從事哪個行業。她下來的地方是個沙漠，一望無際的黃沙。起初，她以為自己站在一面牆邊，但仔細察看後，發現是座非常大的金字塔。一個堅固、平滑、非常閃亮的建築。「它在發光，光很溫暖……很有力量。你可以感覺到熱能從裡面散發。我想這個熱只是它的許多力量之一，這是撫慰人，令人安心的感覺。我繞著金字塔走，它的頂端有個像天線這類的東西。」我要她覺察自己的身體。「繩子編的涼鞋。我可以感覺到沙子的熱度。我的腰部圍著一條長到膝蓋的白布。上半身穿的是一種我沒見過的無袖衣服，有點像背心。微紅的皮膚。深褐色的頭髮用個東西綁著。」她是個年輕男子，大概快三十歲。手上戴著螺旋花紋的手環，脖子戴著一個大項墜（大概一個拳頭大小），項墜上有雕刻，但他沒有仔細描述。

茱：我在找門。

朵：你想進去是有什麼原因嗎？

茱：是的，我想找某個東西。

朵：你知道你要找什麼嗎？

茱：我想是圖書館。找書。我必須按下牆邊的一塊磚，然後部分的牆面就會移開，會有一個往下的階梯。我現在走下階梯，手上拿著火把。這個階梯通往一條走道。我向右轉。走道的兩邊和上方都是很厚的牆壁，走道很窄，勉強能讓我通過。

他繼續走，轉了很多彎，下了很多階梯，直到來到一扇木門前面。「我需要鑰匙打開這個門。」

朵：你有鑰匙嗎？

茱：有，那就是我的項鍊。這個項墜。我把它插在門上然後轉動。項墜上有個轉盤，你在門上轉動它，聽到喀一聲，門就開了。

朵：那麼不是所有的人都可以來這裡。你必須要有這把特別的鑰匙。

這似乎跟水晶頭骨那章的黛比很類似，除了他們聽起來是在地球上的不同地方。

茱：這是個非常非常大的房間，天花板很高，有好多書。裡面的東西似乎都在閃亮發光。像是被藏匿的寶藏……好多的知識。我在往四處看，確定沒有東西不見。我是這個房間的看守者。我想沒有人知道我是看守者，這是個秘密，我還有別的工作，但這也是我的工作。

朵：你的另一個工作是什麼？

茱：我寫東西。

朵：你在這裡寫，還是在別的地方寫？

茱：都有。我寫在石頭上。

朵：在石頭上寫字是不是很困難？

茱：我不是用手寫。我是用想的，字就出現了。

朵：像魔法一樣。（對。）你都寫些什麼？

茱：不再存在的文明歷史。

朵：你能跟我說些你寫過的東西嗎？

茱：這些符號沒有意義，我**現在**看不懂了。它們不是文字。它們是一種我不認識的字母系統。

朵：你每次寫完後，怎麼處理這些石頭？

茱：把它們靠著牆堆起來。它們成為這個圖書館的一部分。

朵：可是除了你，沒有人能看到這些？

茱：他們還沒準備好看到。

朵：這些事除了你之外沒有人知道？

茱：目前是這樣。

朵：你說「目前」的意思是？

茱：那些人已經不在了。那個文明已經消失。

朵：是建造這個金字塔的那些人嗎？

茱：不，不是這個金字塔。

朵：是別的地方的文明？

茱：對……那裡有很多水。

朵：你是怎麼知道那個文明的？

茱：我相信我是被送離那個地方，這樣當人們需要知道的時候，他們便會知道那個文明的事。

朵：你是要保存那個文明的歷史書寫？(對。)然後你來到這個地方，你在這裡努力書寫歷史，好讓人們知道？

茱：是的。這非常重要。

他書寫的另一個地方是在金字塔附近的一個村落，那裡的人不知道他在金字塔的工作。在村裡，他為重要的人繕寫信件，那時會寫字的人不多。他實際上是過著兩種生活。在村裡是一般的家庭生活。「我住在一個很漂亮的房子，比其他人住的好很多。」他也寫書。「他們會說這些是虛構的，但它們是過去所發生的事。」

朵：你也是用你的心智來寫這些書嗎？

茱：不，這些是我用手寫的。我賣這些書，它們很受歡迎。它們是基於歷史，基於過去的時代寫的。

我將他往前移動到一個重要的日子，他說他年紀已經很大了。「是我離開這個鎮的時候了。我把項墜傳給另一個人。」

朵：你在把知識傳遞下去？

茱：對，不過不是知識，是保護的職責。

朵：這樣知識就不會失落？

茱：所以它還不會被發現。最終會被發現的。

朵：你有教那個人怎麼用心智書寫嗎？

茱：沒有，那件事已經完成了。

朵：你知道你來的地方的所有歷史？（對。）所以這個人並不用知道？（對。）他只要看守，不必知道所有你知道的魔法，也許有些東西並不能外傳。你是這個意思嗎？（是的。）你能跟我說些你來的地方的歷史嗎？這會是秘密，我不會跟任何人說。（噢！只是幾千位讀者而已！）

茱：他們失去了尊重。他們不再尊重彼此。太多競爭了，缺少友好的情誼，他們不再關愛彼此。他們想證明自己比對方優秀。他們也不尊重大自然，大自然不喜歡被那樣對待，於是有地震，有很多水……太多水了。

朵：當事情發生時你在場嗎？

茱：我不在場，但我可以感受到。我想我跟當時在那裡的人是相連的。

朵：你認為最後有人會找到這些紀錄嗎？

茱：會的，當他們準備好的時候。

他說他年紀已經很大了，於是我要他到人生的最後一天看看發生了什麼事。「我已經死了。他們把我放在一艘船上，點了許多蠟燭，然後將船推進海裡。」

朵：你的身體有什麼問題？你生病了嗎？

茱：沒有，我想就是老了。我從來沒生病。

朵：當有人去世，他們就會這麼做嗎（指將船推向大海）？

茱：那是我想要的方式。我想回去跟我的兄弟姊妹一起。

朵：你說的「回去」是什麼意思？

茱：回去海那邊……回到我來的地方。我想我只是累了，我已經完成我必須做的事，現在是離開的時候了。

朵：你說你是從海那邊來的是什麼意思？

茱：我想我是從海那邊來到我先前生活的地方。

朵：是在另一個文明沉沒的時候嗎？（對。）所以你想回去，而他們尊重你的決定，把你放在船上送回去。

茱：是的。我已經死了。我看見船被推出去，於是我離開了身體。我現在飄起來了。

朵：你知道你接下來要去哪裡嗎？

茱：不知道。只是飄著。

朵：脫離了身體，沒有肉體的束縛，你開心嗎？（開心。）

我要求他回顧人生，看看這次人世的目的。「帶來知識，同時也守護它的安全，這樣這個年代的人才不會犯同樣的錯誤。」

朵：你在你現在所在的地方可以看到那些知識仍保存在那裡嗎？（是的。）還沒有被人發現？（對。）這樣很好。它仍然安全，而且被保護得很好，不會被任何人變動。

我接著召喚潛意識，以便取得更多資料。我問為什麼選擇那一世給茱莉觀看。「寫作是日後能找回那些知識的方法。將知識傳播給人們知道很重要，寫作是個很好的途徑。」她想知道的主要問題之一當然是：她的人生目標是什麼？她應該做什麼？她有很多才華，因此有很多路可以擇選，她已到過這世界的許多地方旅遊。潛意識說這是她可以走的一條路，也是一條重要的路。「她對這個世界已經有了印象。她的旅行和經驗將會影響她的寫作。她在學習不去論斷。她將會有更多的旅行。教導人們學習彼此相處，不因表象就武斷論定。……攝影。（她拍的）那些影像也會非常重要。」潛意識給了更多有關她的職業與個人生活的訊息，有些事則還不到她知道的時候。「懸疑感是增添生活趣味的香料。」

朵：她談到的文明是亞特蘭提斯還是別的文明？那個被毀的文明。

茱：有些人是那麼叫它（指亞特蘭提斯）。

朵：她說她當時不在那裡，沒有因它的沈沒而死去。

茱：是的。她那時被送走以便保存知識。她因為仍然和那裡的人連結，所以在他們離開了這個實體層面後，她仍能感受到他們。

朵：這樣她就能保有那些記憶並且寫出來？（是的。）她是怎麼離開的？

茱：搭船。在最後的災難來臨前。

朵：最後的災難？聽說有一連串災難發生？（是的。）那座金字塔現在還在嗎？

茱：以不同的形式存在。它改變了，但仍在那裡。

朵：她描述那座金字塔在那時候光滑明亮，現在呢？

茱：上面加蓋了不同形狀的東西。

朵：上面蓋了別的東西？（對。）原本的那個怎麼了？

茱：多少毀壞了。

朵：但那些知識是埋藏在地底下，不是嗎？（是的。）所以沒有被毀，對吧？

茱：對。那些需要知道知識的人建了一個新的形式和一條新地道。

朵：那個蓋在上面的新形式是什麼樣子？

茱：很像貓。非常大，但沒有周遭的形式大。

朵：其他的形式看起來是什麼樣子？

茱：跟先前毀掉的那些很像。

朵：所以他們建了別的入口。你說它像隻貓。是整個建築像貓嗎？

茱：不，本來應該是要像貓的，但最後改掉了，它的臉改成當時那個土地統治者的臉。自我意識改掉了它。

很顯然，她指的是獅身人面像（Sphinx）。這跟《迴旋宇宙二》第三章貓人的故事也非常類似。在那個故事裡，原本的獅身人面像有一張女性的臉和貓的身體，在男性掌權後就被更改了。

朵：我想我知道你說的是什麼，而且他們說那張臉對那個身體而言太小了。（對。）所以原本是貓的臉嗎？

茱：原本是要這樣的。在完成前被更改了。

朵：你們認為這些知識最後會被發現嗎？

茱：是的。不會太久，但人們不會在知識被發現後立刻知道。當他們發現時會是秘密（指不會公開）。

朵：為什麼仍是秘密？

茱：力量太大了。知識裡有力量，而且要防止別人得到知識。

朵：所以他們不會想讓人們知道。（不會。）但它終究會真相大白。（是的。）

很多人說過，包括愛德加．凱西（Edgar Cayce），獅身人面像座落在一個紀錄殿堂上面。我曾跟探索過獅身人面像底下的人談過，他們說下面有許多地道。它們之所以沒被完全探索的原因之一是因為這些地道通常都充滿了水。我在我其他書裡也談到那些通往儲存紀錄的房間的入口被類似電場的東西保護著。因此你必須是正確的振動和頻率才甚至能接近那些入口；古代人用了許多非常巧妙的機制來保護這些知識。

第二十章 亞特蘭提斯的實驗

安珀曾經擔任護士多年，在感到倦怠和失去熱情後辭掉工作。她想嘗試不同的職業，現在是一家公司的職員。這次催眠一開始是個普通、典型的前世回溯，但在結束前卻有奇怪的轉折。對出乎預料之事，我總是有心理準備。安珀看見自己是位四十多歲的男子，坐在一艘掛著大白帆的大船上的瞭望看台，她看到船停靠在一個島的附近。她眼界所及是大片叢林和岩石遍布的海邊。那裡沒有碼頭，所以船員正在放下小船並預備划向陸地。這個男子並沒有跟船員們一起，而是留在船上的瞭望台，看著那些船員。他看到他們將船拉上島，然後走進叢林。他知道他們登陸是為了尋找食物，或是任何有價值的東西。他們已經航行了大約一個月，食物消耗得剩不多了。船上只有必需崗位的船員留守。「在船上很沉悶。要有耐性，可是很無聊。跟他們一起去會有意思得多。」

這段等待可能會花些時間，於是我引導他到晚點的時候，看看有沒有什麼事情發生。

「我在欄杆上看著他們。他們被攻擊了。島上有野蠻人。他們在打鬥。他們在努力逃回船上。」

朵：他們有找到任何食物嗎？你知道嗎？

安：沒有找到。他們沒有幾個人回到船上。很多人都死了，被屠殺，他們完全沒有想到會發生這樣的事。有些人回到船上。他們受傷了，在流血。他們雖然回到船上，但沒能活下來。他們被矛尖還是什麼東西上面的毒鏢射中，傷口腫脹，而且變成藍色和黑色。我們怕自己也變那樣，所以把他們推下船。我在起錨離開。剩下來的人不多，只有我們幾個人留守船上，我們現在要逃離那裡。

朵：船長呢？

安：我要說他是個膽小鬼，沒什麼幫助。他軟弱，不是個好領導者。

朵：他沒有跟其他人一起上岸嗎？

安：有，但他逃回來了。他讓我們的人死了。他是膽小鬼。懦夫。

朵：那你們沒剩下什麼人在這艘船了？（對。）你們可以應付嗎？

安：我們往大海航行，我們知道怎麼開船，但我不知道我們能不能活下來。我不認為我們有足夠的食物。

朵：上岸的人來不及找到任何食物，是不是？

安：是的。我們只剩一點食物可勉強維持，我們必須想辦法，必須試試。如果不離開，就會死在野蠻人手上。我們必須逃離他們。我們現在揚帆了，我們只想逃到海上。

朵：你對這個情況有什麼感受？

安：反正怎樣都是死，留下來也是死路一條。唯一的選擇是離開並試著在海上生存。

朵：你航海很久了嗎？

安：一輩子……我一開始是見習水手。

朵：那你離家很久了，是嗎？

安：我沒有家。沒有親人。我就是從這條船到那條船。……我現在在想，當初不應該跟這艘船的，不該跟這個船長。

朵：你先前有覺得他不知道自己在做什麼嗎？

安：我當時不知道。我想我沒有想到他會那麼膽小。

我本來打算移動他去看看後來的情形，但在我還沒下指令前，他就說：「我們沒能在海上撐下去。喝的水不夠了，又沒有風。我們要死在海上了。我們越來越衰弱…衰弱…衰弱。食物很久前就吃完了，現在水又要喝完了。人一個個死了。沒有風。我們在慢慢地死去。只剩我和一、兩個人活著。」我下指令讓他看看後來發生了什麼事。「很安靜。船在搖晃。大家都死了。」

朵：你是最後剩下的其中一人？

安：是的……但我也要死了。我知道快結束了。沒有風……。

我將他移動到一切都結束，他已在「另一邊」（靈界）的時候。我問他是否能看見自己的身體。「可以。大家躺在那裡，全都死了。」我接著問他從那樣的一生中學到了什麼。「耐心。我想是耐心，即使是等待死亡，也是耐心。我不是一開始就死去的那幾個，我是到最後才死的人之一。……對死亡的耐心，甚至對死亡你也需要有耐心。我學到了耐心，而且我必須靠自己，我能夠照顧自己。」

朵：是的，你這一生都是自己照顧自己。（對。）

因為這一世很快就看完了，我知道我們還有時間去探索另一世，於是我帶安珀離開這個場景，去到另一個適當的時間，那裡會有她需要知道的事。當她到了那裡，她發現自己在一座有個鐘樓的大型石頭建物，像是教堂的庭院。她稱這裡為修道院。她看見自己是年輕的修女，穿著白色的修女服，她知道自己剛進修道院沒多久。她一個人在中庭裡，其他的修女在花園整理花木。接著她注意到一件令她訝異的事。「我的兩個膝蓋傷得很嚴重，我好像不能動。我坐在椅子上……一個舊輪椅上。我的上半身能動，但兩條腿僵直。我的膝蓋很痛，不知道是不是有什麼支架，被什麼東西固定著，還是……我用手滑動輪椅，我不能四處去，我就只是坐在庭院那兒。」她說這段話時，一直打呵欠。我想知道她是怎麼回事，她說她從馬背上摔下來。「沒多久前發生的事，於是我家人送我來這裡，因為我是瑕疵品了。沒有人會娶我。我無法當人家的妻子和母親。我並不想來這裡，但家人不知道該怎麼辦。也許他們認為我需要靜養。他們不曉得要怎麼照顧我，不知道要拿我怎麼辦。」

朵：那些修女有照顧你嗎？

安：她們有照顧我。

朵：你喜歡教會那樣的生活嗎？

安：不喜歡，那不是我想要的生活。我覺得無聊，但我無法離開。

她一直在打呵欠。「我好累，我想我喝了會讓自己疲倦的東西。她們給我喝東西。茶。」

朵：她們為什麼給你喝茶？

安：我想是為了止痛。現在不那麼痛了。

我帶她到一個重要的日子。她說：「有人要來修道院，她們都在忙……忙著準備。我幫不上忙。」

朵：你在這裡有什麼是你在輪椅上可以做的事嗎？

安：看書，不過她們的書都很無趣……她們都在忙。有人來了。有輛馬車出現了。她們不准我出去，我被藏起來。她們又要我睡覺了，我在喝東西，我想我是在喝這個茶，它讓我疲倦。」（她還是一直在打呵欠。）

朵：聽起來她們給你喝會讓你想睡覺的東西。為什麼她們要把你藏起來？

安：她們想要我睡覺。她們給了我茶。我好累。我不知道是怎麼回事。

朵：聽起來像是藥。她們幫助你上到床上？

安：對，我需要人幫我上下床。

朵：你能看到是誰來了嗎？

安：好像是某個來給錢還是捐贈什麼的重要人物。我睡著了，沒看到是誰來了。

朵：她們對你好嗎？

安：是的，她們人不錯。我是她們的負擔，因為她們要多養一個人……而且我幫不上忙。可是我也不想在這裡。

朵：你們在哪裡吃飯？

安：我們去一個咖啡色的大房間吃飯。在一樓，所以我的輪椅可以進去。大部分吃飯的時間我也在睡覺。因為那個茶。我幾乎都在睡覺。

朵：那樣不好，對吧？你可以拒絕喝那個茶嗎？

安：我想我可以，但我並不知道是茶的作用讓我這樣。我沒有把這兩件事聯想在一起。

我將她移動到另一個重要的日子。「她們在茶裡下毒！這是別的修女想除掉我的方法，藥越下越重，到最後我就不會醒來了。這是為什麼她們總是在花園裡顧著她們栽種的東西。」

朵：（我很訝異）你是怎麼發現她們在下毒？

安：（仍舊一直打呵欠）我聽到她們說：「她年輕，要多放一點。」

朵：要不然要花上很長的時間你才會死？

安：我想是這樣。

朵：因為你是負擔嗎？

安：因為我家給的錢。我父親很富有，他給了她們很多大金塊來照顧我。她們必須要讓我看起來被照顧得很好，我父親看到我還活著，就會繼續給錢。（聽寫這段話很困難，因為她一直打呵欠，很難聽懂她說些什麼。）

朵：可是如果你死了，也就不會給錢了，不是嗎？

安：她們必須假裝，謊稱我還活著。

朵：所以她們不會告訴他你死了？這樣她們不必再照顧你，卻依舊可以拿到錢？（對。）現在你已經知道她們的企圖，你難道不能阻止她們？

安：我被藥控制了，藥太重了，我反抗不了。她們硬要我喝。並不是每個修女都知道這件事，只有院長和另一個修女知道。其他修女認為她們在照顧我。

朵：所以用藥是院長的想法？

安：對。她們強迫我喝，其他的修女以為那個藥草能幫我，她們認為是藥，她們不知道裡面混了東西。

朵：可是你一直睡覺，她們不會覺得奇怪嗎？

安：她們以為我只是難過沮喪。院長騙了所有人，她會繼續收我家的錢，因為我年輕，而且我父親認為我會在修道院待上一段長時間。我無能為力。

我再次移動她到另一個重要的日子。她用強調的語氣宣佈：「我快要死了。」

朵：是因為藥嗎？

安：是的。我現在躺在床上。我在一個小房間裡。床邊圍著一些修女。不是全部的修女。有的修女在祈禱。院長在這裡，她想確定我死了沒。

我移動她到一切結束，她可以回顧一生的時候。「我看到我的葬禮，它的過程。」

朵：她們有通知你的家人嗎？

安：沒有。我想我父親過世了。我想這是為什麼她們把我害死，因為我父親過世後就沒有人提供金錢。她們不想再繼續照顧我，而且把我害死並沒有風險。

我知道當靈魂不在身體後，她能以不同的觀點來回顧整個生命過程，於是我問她，她認為她那一世的目的是什麼。

安：不要依賴。我不能依賴別人，他們只關心自己的利益。你的最大利益跟他們無關。她們不會把你的利益放在心上。

朵：噢，所以還是靠自己比較好？（對。）這是重要的課題。

我接著呼請潛意識來說明為什麼選擇這兩世給安珀觀看。「第一世是死在船上的男子。為什麼你們選擇那世給她看？你們想要告訴她什麼？」

安：要信任自己。她知道自己不該接下那個工作，但還是接下了。她不信任自己心裡知道的事，不信任自己的直覺。

朵：那一世跟她現在的人生有什麼關聯？

安：一樣。她不信任人。她懷疑自己。她知道，但她不相信。她那一世如果傾聽自己的直覺，就不會死在那艘船上了。

朵：她餓死在船上這件事跟她現在這世有任何關聯嗎？

安：是的。她這世總是擔心食物會不夠，擔心會沒有食物或找不到食物。要不就是擔心很難找到食物。

朵：當時的情況是不可能找到食物。

安：沒錯，但在現在的社會，你們有足夠的食物，到處都有。

朵：她不用擔心要找食物。（沒錯。）這跟她的飲食問題有關係嗎？（對。）她說她總是覺得餓。

安：是的。因為她那時總是挨餓而且沒有任何食物。在船上，東西沒了就是沒了。（她還在打呵欠。）

朵：她為什麼打這麼多呵欠？為什麼身體會這樣？

安：她在釋放。

朵：很好，這是我們想要的；把來自那兩世的垃圾都釋放掉。

安珀有過重的問題。她不停地吃，不論吃了多少，她還是覺得餓，這明顯是源自在船上餓死的前世。在潛意識的幫助下，我做了很多步驟，釋放飢餓的感覺，因為這些在她這一世並無立足之地，我們就留給船上的那名男子。她不必擔心挨餓，她可以擺脫飢餓感。現在有充裕的食物，一旦她瞭解到這點，那麼多餘的體重就會減下來了。

朵：你們給她看那一世是明智的選擇，但你們也給她看死得很悲慘的年輕修女那世。為什麼要給她看被毒死的修女那世？

安：因為她在那一世放棄了。

朵：她沒有太多選擇，不是嗎？

安：她有，但她放棄了。她沒有努力，所以失敗了。

朵：可是她們強迫她喝藥。

安：她內心某處知道那是什麼，但她把它當作命運接受了。

朵：她那時候沒有嘗試反抗嗎？

安：沒有，在某些方面，她歡迎這件事的發生。

我想知道那一世有沒有她這世認識的人，潛意識說沒有，我很驚訝，因為我以為院長一定造了業。「對，那個已經處理了。」所以院長並沒有擺脫業力，只是她的業債已不再和安珀有關。安珀在高中的時候左膝受過傷，至今膝蓋仍會疼痛，而且痛也蔓延到右膝。樓梯對她來說尤其是挑戰，她上樓梯非常辛苦。我納悶安柏的身體問題是否跟腿受傷的修女那世有關。潛意識說沒有關聯。「她放棄了。放棄比較容易。」

朵：但她一定在進入那世前就設計了那些狀況，就跟我們每個人一樣。

安：是這樣沒錯，但也不是。那只是個意外事件。這很複雜。每一個行動有它產生的效應，因此每個時刻也都在變化。

朵：一開始的計畫並不是那樣嗎？（不是。）原先的計畫是什麼？

安：原先的計畫會是她過著健康的正常生活。

朵：那麼在意外發生後，她的父母不想要她了。他們不想照顧她。

安：不是的。並不是她父母不想要她，是他們不知道要如何照顧她，也不知道該怎麼辦。他們認為他們做了對她最好的安排。

朵：所以她被安排住進修道院，請修女照顧的這部分並不是原先的計畫？

安：沒錯。她的家人被說服了……他們被說服這麼做。她知道事實不是如所說的那樣，但她沒有反抗。

朵：她被毒死對安珀這一世有什麼意義嗎？

安：所有的事都有意義。信任人要小心。

朵：那麼第一世是告訴她要信任直覺，第二世是告訴她要小心？

安：不要輕易相信別人。你必須知道平衡點在哪裡。信任自己……什麼時候該知道……該了解誰……該信任誰。

朵：有時候這個平衡會很微妙。

安：非常微妙。

讀到這裡的讀者或許會納悶，這兩個故事跟失落的知識有甚麼關聯？內容雖然有趣，卻似乎不大符合本書的主題。不過我已學到一件事，那就是絕對不要低估「它們」，它們總是充滿驚奇，因此，後來的催眠出現了有趣的轉折。

我們接著討論安珀的身體狀況。我認為她的膝蓋問題跟修女那世有關，結果不是。膝蓋的症狀通常表示個案不在人生的正確方向。他們裹足不前。不過潛意識說安珀的情形不一樣。「有時候你必須放慢速度。她沒有耐性，這個症狀是因為她對所有的事幾乎都很固執。」它們想要她學習如何自我療癒，而不是以手術解決。

我不斷請潛意識療癒她的膝蓋，但它們一直拒絕。這是我第一次碰到這樣的情形，我請潛意識解釋。它們說膝蓋的問題是來自另一世，跟我們看到的那兩世無關。

朵：另一世發生了什麼事？

安：膝蓋沒有正確組合在一起。沒有正確拼接。

這很令人困惑，我要求潛意識解釋。

安：他們把她的腿拿掉，放了別的腿上去。她是亞特蘭提斯實驗的一部分。他們拿掉她的腿，換成了動物的腿，有蹄子的那種。她從膝蓋以下被切掉了。

朵：我向來認為亞特蘭提斯人在進行基因實驗，但我並不知道他們真的拿人類跟動物實驗。

安：不，這是在他們學會處理基因之前的事。她那一世是女性，他們拿掉她的腿，裝上動物的腿。

朵：你說他們做的不正確。

安：那是造成疼痛的緣故。

朵：她那樣能夠活下來？

安：她活下來了，但很痛苦。那是令人痛苦的手術。

朵：他們那樣做是純粹出於好奇嗎？

安：可以說是，也可以說不是。有些人是好奇，有些人是認為他們真的找到了幫助人的方法。他們認為那會是個方法。先以動物移植到人體，透過使用動物，可以拯救其他人類。他們認為自己找到了中間的關聯。

朵：但他們沒有，對吧？

安：沒有，那時候沒有。

朵：他們有意識到自己造成接受手術的人的痛苦嗎？

安：嗯……那是個有趣的情況：要嘛你就是繼續痛，要不就可能不痛了。

朵：你們的意思是那個人的腿原本就有問題？

安：對。他們認為自己是在幫忙。

朵：這倒是給了手術較多的正當性。

安：沒錯，而且有些人的意圖是良善的，雖然不是所有人。後來，他們便從那裡開始進展。大多數的時候，大部分的人立意良好。所有的事都有善與惡，當他們意識到他們不能那麼做，那樣做行不通時，有些人想繼續，有些人想停止。然後又有人想更進一步，這時又再次有對與錯的問題……是爭議，不是對與錯……是意見不合。

朵：所以他們認為移植動物的腿至少可以給她機會？那是他們的動機，而後來他們進行了基因實驗？

安：是的。他們後來有了進展。又一次，開始時是出於好意，但有時候知道狀況的人阻止不了，他們試圖對抗。他們堅持並試圖克服。

朵：他們替換身體部分的事有成功嗎？

安：有時候成功，有時候沒有。那是在人工肢體前的事；那是最早的義肢。拿她來說，她很痛苦。她雖然能走能動，但依然感覺到痛。

朵：我一直認為把動物轉接到人類身上，身體應該會排斥。

安：是的，某程度會，不過他們想出了維持的方法。

朵：所以對安珀來說，她的身體的記憶現在回來了？（對。）

這就能解釋她現在膝蓋的痛了。我們必須釋放這個記憶，讓它回到它所屬的過去。「所以那一世發生了某件事讓她的腳受傷，然後她在修女那世也同樣傷了腳。這是重複的模式，不是嗎？」

安：是的。是移除這個模式的時候了。是時候停止這個循環了。

朵：所以你們在終止那個循環嗎？

安：對。這就像編織，像解開纏繞的線頭。我現在在移除那個模式。這會花點時間。要分解、移除並且使它穩定。她的膝蓋有很多層要處理，這是為什麼要花時間。很多事造成了這些層次。這些層次像是大洋蔥，一層層、一層層、一層層。

安珀想知道要如何直接連結潛意識，這樣她就能詢問自己的問題。「她要怎麼跟你們溝通？」

安：她已經在溝通了。沒有什麼「啊哈！（接通了）」這回事。

朵：很多人認為應該是那樣的。所以，就是個聲音，而他們立刻會知道那就是了。並不是什麼頓悟時刻（AHA moment）。

安：不是。它的發生很溫和。我們非常細膩。我們不喜歡影響（你們），因為你們有自由意志。

朵：不過很多人認不出那些微妙的小事。

安：對，你們認不出。

朵：安珀想問另一個問題。她說她總覺得自己沒有價值，而且不被看重。這個感覺是哪裡來的？

安：來自很多世。沒錯，院長想除掉她和船長的那些人世也是模式，我們也必須解決這個問題。

臨別訊息：她是被愛的，就這麼簡單。

朵：無論如何，她目前的人生似乎比那幾世容易多了。（笑聲）

安：對，有時候你需要休息。

朵：是的，我稱這樣的人世為「休息世」。

第二十一章 最初的巨石陣

如我在第一章所說，最初的神殿可以追溯到巴比倫時代，那個時代的神殿在外圍矗立著間隔等距的石柱，有些神殿的屋頂是中空的，這是為了天文觀測。當恆星及行星行經柱子之間的天空，祭司會坐在建物中央的指定位置，觀看並記錄星體的運行。這些紀錄被保留並繼續觀測好幾百年，這樣星體移動的測量紀錄才會精準。這些紀錄成為神聖知識的一部分，唯有奧秘學校的人才能取得並有能力詮釋這些資料的意義，這就是天文學及占星學的起源。當然，最初的教導（以及觀察哪些星體）來自外星人，當初外星人給予的很多知識都跟肉眼無法看見的星體有關，也就是說，他們使用了像是望遠鏡這類的高度先進裝置。大部分的資訊對外星人來說很重要，因為跟他們的母星或家鄉星群有關。有些星象資料則是對要隨季節更替做計劃的地球人重要，這樣發展中的人類才會知道何時栽種和收成。透過多年來的催眠療程，我也發現最初的神殿建造者是外星人，而非當時生活在那裡的原始人類。

★ ★ ★

上集也提到，這個模式同樣延伸到環狀巨石圈和巨型獨石的建造，像是英國的巨石陣、愛爾蘭的紐格萊奇墓（New Grange），以及遍布世界的許多石陣建築和巨石。它們標記了季節交替及重要的恆星與行星位置。在早期的時候，外星人與發展中的人類住在一起，給了他們有用的資訊和禮物，幫助他們在演化的過程中前進。隨著人類的演化，更複雜的奧秘才慢慢向人類揭示。

外星人也知道如何駕馭心智力量，尤其具有將石頭懸浮和塑形的能力。記得，一切事物都是能量，而操控能量是可能的。因此，為什麼認為古人知道如何使用心智力量操控石頭和其他物質的分子結構，會是那麼難以想像的事呢？外星人將這些奧秘知識傳給了特殊的人類，這些人因此能運用這些知識並繼而教導挑選出來的少數人。在亞特蘭提斯時期，外星人仍和人類一起生活，並與人類分享高階知識。在亞特蘭提斯毀滅後，這些知識被生還者帶到埃及和其他地區。後來由於人類的濫用和錯誤使用，這些能力/知識後來被拿走，這就像保險絲被燒掉了一樣，這些知識因此不被允許再交給人類。然而，隨著我們正進入新地球，這些能力將再度回歸；遮蔽的帷幕正在變薄，我們的心靈能力也正在甦醒。

在《迴旋宇宙序曲》，巴多羅米說了一個文明開始時的故事。那時外星人建造了可從日月星辰汲取能量的複雜機器和設備。當外星人離開地球時，他們將如何使用這些裝置的知識交給特定的祭司，這些知識也原本是要繼續傳承給奧秘學校。然而，外星人無法預見人類對權力的貪婪（這個常見的瑕疵在歷史上造成了許多麻煩）。當時有些人想把汲取能量的裝置據為己有。他們殺了祭司，但因為他們不懂如何使用，這些裝置並無法運作，最終也被摧毀。我在催眠時總是會問，為什麼外星人不回來告訴人類，他們沒有正確使用知識？然而我們必須記得，當生命在這個星球開始發展時，相關的法則就被制定。「讓我們給這個美麗的星球一種智慧生物，並給予自由意志，然後看看他們會怎麼做。」這些資料在《地球守護者》裡。我們是這個宇宙唯一被給予自由意志的星球，這是為什麼我們被稱為「大實驗」。此外，還有一條不干涉的最高指導原則。「一旦一個文明已經建立，就不能干涉那個文明的發展。」知識、資訊和裝置等被當成禮物給予了人類，然後外星人從旁觀看它們會被如何使用。要如何使用是人們的自由意志，而有太多時候，我們並沒有將它們用在預期或本應的目的，但如果外星人返回並告訴人類該如何使用，那就是干預了。（編注：建議參考《三波志願者與新地球》，裡面有許多章談及自由意志。書裡提到，當人類的自由意志會導致地球毀滅時，外星人就不得不介入了。）

★　★　★

我的個案，雪倫，在好萊塢工作。她擔任電影替身，也在片場做幕後工作。她參加了我在加州伯班克（Burbank, CA）的催眠課並自願當課堂上的示範個案。我同意了，於是開始催眠。當雪倫從雲上下來，她發現自己身在英國的巨石陣，不過它看起來跟現今的巨石陣不一樣。任何去過巨石陣的人，都知道現在的巨石陣的結構並不完整。大部分矗立的石頭還在原處，但上面橫放的楣，有些已經不見或掉落在地上，現在雖只能大致看出當年的樣子，但它仍然壯觀。雪倫看到的巨石陣是很久很久以前的初始狀態。「這裡好綠好綠，所有的石頭都在。它們完好地圍成一圈。所有的石頭都是新的，而且完整。」

朵：當你看著它的時候，你有什麼想法？

雪：驕傲和力量。就像我的族人、我的朋友一樣，我們真的很以這個地方為榮，以我們和大自然合作的工作為榮。

朵：你們跟大自然做哪類的工作？

雪：大自然的儀式。我們做的事榮耀和尊重自然，這讓我們與地球一致，和地球維持一體。我們保持和平和愛，跟其他地方的人不同。他們不像我們這樣文明。他們有攻擊性，而且不會接近我們這個地方。我們這裡有個次元的門户，它連結到另一個世界。

朵：你覺得那裡有個次元入口？

雪：它是次元入口。我想說不是，但它的確是。這跟我的感覺無關，它就是。不論我信不信，它就是在那裡。

朵：所以你們的人相信次元門户在那裡？

雪：這不是信念。不論我們相不相信，它是事實。你信也好，不信也罷，這個地方就是存在，它有力量與平靜，你能夠在那裡找到最深層的愛。它比物質生命所能產生的任何東西都更深刻。

朵：你看得見這個入口嗎？

雪：對我來說，當我騎在這匹馬上，從外面觀察時，我看到草地的中心打開了，它是完整的。它看起來是青草和大地，事實上當星星和太陽都在特定位置的時候，這有點像……這是個機制，當這些石頭跟行星對齊或與恆星的能量一致，它就是一個次元入口。屆時站在中心點的人……他或他們的身體雖仍像是站在草地上，但事實上有個黑色的洞打開了，而他們的靈性體由此往下進入地球的中心。（靈性體）重新調整以記起他們的身體來自哪裡。我現在正看著入口，因為今天晚上有個集會……很多人會參加。我的角色類似主持儀式，我幫助村裡的人。我有一件紫色披風，披風顯示我的身分，某種協助者或中間人／媒介。當星辰閃爍時，我能聽見它們的低語。

雪倫看見自己是正值壯年的男性。我問了更多有關紫色披風的意義。「紫色披風是在我達到了某個狀態後，長老們給的禮物……你們是怎麼說的？……是開悟（enlightenment）但開悟是有層次的。開悟的意思是「在光中」，所以我們都在光中，整個小村子也是，肉販和麵包師傅都是。我的一生完全致力於傳遞資料和協助人們與這個入口保持校準／調諧一致。」

朵：是跟大自然還是入口保持調諧一致？

雪：入口多過大自然。大自然也像個入口，所以如果有人必須離開這裡，他們到大自然，身在樹木和綠草之間，內心平靜的他們就能記起我們生活的地方的狀態。我現在是獨自一個人，只有我跟我的馬。我今天在這裡觀察，因為十四天內（譯注：原文爲fortnight，爲中世紀英語，十四天，意即兩週）——我不知道這是什麼意思——十四天……很快到了晚上，我就要主持儀式了。這很重要，他們給我這個機會，長老們給我這個機會去……主持不是正確的字，而是……（他有困難找到正確的詞彙）我想是幫助……促成。我會是晚上儀式的焦點，北邊的焦點。我會在北方——北方有——我想說「柱子」，不過它們不是柱子。我會站在北邊柱狀物的下面，然後所有參加的群眾將會望向北方。這個儀式跟一年中的時節有關，大自然有春、秋、冬和夏季。所以，今晚我站在北方，所有群眾都面向北方。而在其他的晚上，他們面向我其中一位兄弟。不是同一個母親所生的血緣兄弟，而是長老群的一員……我是裡面最年輕的一個。來參加的群眾是一般人，肉販、麵包師傅，還有村民。

朵：我認為你將要參加這個儀式是很大的榮耀。

雪：是的。我感到謙卑也感受到被賦予力量。

朵：這些石頭是你們的人立的嗎？他們跟建造巨石陣有關嗎？

雪：不，不是村裡那些人，不是。長老們知道是誰。我不曉得他們是不是人類，但他們不是村子裡的人。他們不是。我的長老們真的很老了，有位很高齡的跟我們一起住在村子，他知道那些事。

朵：長老們知道這個巨石陣的來源？

雪：只有那位很高齡的知道，我們最老的長老，只有他能告訴你細節。

朵：這個巨石陣從你出生就在了？

雪：對。如果我這一生……我不確定我是否渴望成為他，那位長老，不過我們每一個人都有進化成為他的可能。當我們隨著知識的成長，邁向更高的層次，那些事也會向我們揭示，因為我是……並不是說有什麼等級，因為我們並沒有高於其他人，只是我們奉獻了一生與星辰和大自然連結，而不是當個村民，當個肉販、麵包師傅。我是長老們來家裡選出來的，他們跟我父母說要教導我。我的母親很自豪，但我父親不怎麼高興，因為他想要我跟他在田裡耕種（她開始哭得非常傷心，哽咽地說不出話來）。我雖然被長老們帶在身邊，但是沒有幫助父親耕作，我還是覺得難受（仍然在哭泣）。

朵：如果人生不一樣，你是跟父親一起，你覺得你會快樂嗎？

雪：我是那種天性快樂的人，所以我在哪裡都可以，不會有影響。我很開心我能在這裡看著這片綠地，從這個有著肉身和兩隻腳的人類觀點來體驗地球。我知道我從哪裡來。

我並不在乎我是農夫的兒子還是長老群的一員。長老們認出我的光，於是來接我，但只要我還是這個人，我其實並不在乎。我只是想以這個星球一份子的觀點來體驗她的寶藏，而非居高臨下看著她（再度哭泣）。我曾以另一個角色為源頭工作，只要有機會，我就會經過地球，往下看這個神的工所顯化出的樂園。這偉大瑰寶般的大地、水、空氣，這些就是我想以人類面向來體驗的。最重要的事是在地球上欣賞草葉的美，欣賞它美麗的綠。欣賞樹幹的美，那美麗的棕色。

朵：那麼那晚你要去參加那個儀式，典禮。

雪：我將會站在北方。

我移動他到一個重要的日子，雪倫立刻敘述看到的混亂場面。「村裡被侵略。村民驚惶失措地四處奔逃，最年長的長老離開了，長老們護送他到一個安全的地方，一個山洞。我現在在山丘上（巨石陣）試著冷靜下來。」這並不容易做到，因為他周遭一片混亂。

雪：我現在冷靜了，我在試著接通石柱的智慧，這樣我就可以把冷靜傳送給所有村民。其他的兄弟好像都走了，但我留了下來，因為我同情我的家人、鄰居、我鄰居的鄰居，我為他們感到難受，我覺得我在場會有幫助。我努力傳送平靜給他們，能做多少就多少。我盡我所能地為他們帶來平靜。

朵：你知道那些入侵者是誰嗎？

雪：他們是北歐的金髮人，他們有那種有尖刺球狀物的棒子，他們很暴力，住在另一片水域的森林邊。他們很高大，頭腦簡單。他們狂歡作樂……你們這裡怎麼稱他們……我想我會說他們是諾斯人（Norseman，古代挪威人），現在人類所知的最傑出戰士。

朵：你們的人並不暴力，這是為什麼大家都很害怕。

雪：我們的人很和平，我們開心帶著花環迎接，繞著五朔節花柱（maypole）跳舞。可是那些最先出去迎接的卻被殺害了。那些人真的很享受殺人，而且以能快速把人殺掉為傲，他們追求迅速殺戮。如果不能一擊斃命，對他們來說就好像失敗一樣，就不是什麼好戰士。他們簡直就是殺人機器。

朵：你現在正在看這些畫面嗎？

雪：我實際上沒辦法看到，因為我站在面向南方的左邊柱子這裡，我的手放在柱子上。但我能從我的心、我的腦海裡看到，而且我能聽見。當人們死去，他們的靈魂從我身邊經過時，我可以感覺到，我甚至能知道他們是誰。所以我試著跟他們說：「光在那裡。」讓他們可以去到該去的地方（開始放聲大哭）。我只有一個人，能力有限，能做得不多，我只能幫助他們在這麼可怕的情況下過渡到死後的世界。（啜泣）我會盡我所能，直到他們的靈魂找到我。今天稍晚就是最後的時刻了，他們會在石圈的中央殺了我。（他哭得很大聲，很難聽懂他說的話。）

朵：你在盡你最大的努力了。你只有一個人。

雪：他們啓動了一種嗜血戰士的氛圍，不是我。這個氛圍從今起會迴盪生生世世。我很確定我所有的朋友、鄰居、父母，甚至我自己將重新被吸入(仍然大聲哭泣，很難瞭解在說什麼)……中心，因為我所具有的力量，因為我被殺害的方式，它會送出殺戮的強大氛圍。這就像當你向水中央扔一塊小石子，震波的力量會一圈圈迴盪出去。他們在石圈中心點以儀式化的方式殺了我只是為了好玩，由於他們知道我在村民心中的重要性，他們這樣做的意義就更不一樣了。他們不只是狠狠地打我，他們都有自己更黑暗的儀式，他們因殺害光而黑暗。他們在中心點這麼做，由於門户會放大人性，他們將因此送出這個殺戮的振動，穿越時間，穿越他們的未來，穿越整個地球的未來。這令我憂心，因為它將導致地球的毀滅。而我們未來的生活和這個星球的演化將不會像那位最高齡的長老曾告訴我們的那樣。當他們人來了後，這些未來就不會照那位最年長的長老說的路徑走了。

朵：所以這跟是哪一種能量沒有關係。這個地方非常重要，因為它可以放大能量。而在你的情況，它放大的是負面能量。

雪：諾斯人的方式會滲透地球，世世代代影響地球。地球上會有更多戰爭，而我的族人會承繼北方的風格，成為海上的英勇戰士。

朵：告訴我發生了什麼事。

雪：他們殺了我的肉體，拿走我的馬。

朵：是在石柱（巨石陣）那裡嗎？

雪：他們在（巨石陣）中心的中心點殺了我，這對他們和所有的未來世代很糟。現在我會重被吸入源頭，然而因為我是那樣被殺害，我現在必須在地球玩遊戲一段時間了。

朵：你必須去休息嗎？

雪：不用休息很久，因為當我在肉身的時候，我是純粹來自源頭，但現在我將開始輪轉遊戲了，這個你們會稱為「業力」的遊戲。它像是在我身邊挖了條壕溝，把我困陷在裡面玩地球的遊戲，這樣一來，我就無法做我原本為源頭所做的工作，環遊宇宙的信使工作。我本來帶著源頭的訊息，穿梭於宇宙，但現在我將失去做這個工作的機會了。因為我原只是想來地球看看，卻因如此，現在把自己牢固在業力之輪。

接著我要她把那個男子留在原處並移動她前進，以便召喚潛意識。剩下的催眠時間，潛意識回答雪倫的問題並給了她許多建議。

★　★　★

雪倫醒來後，她說她仍在接收發生在巨石陣的事件訊息。殺害那個男子的負面能量非常驚人，污染了那個地方，並破壞了那裡曾有的強大正面能量。這是巨石排列被攪亂，有些還倒塌了的部分原因：為了破壞能量的集中，而這實際上會關閉那裡的入口。古人知道石陣圈的力量。如果現今還有些殘留的能量（有些敏感的人能感應到），也跟當年在使用時無法相比。

雖然巨石陣仍座落在一個能量渦旋和能量線（ley line，或稱地脈）的匯合點上，我並不認為入口仍有作用。這就跟埃及大金字塔的能量已經衰退一樣。歷史說英國的埃夫伯里（Avebury）的巨石遺跡也是同樣情形。以埃夫伯里為例，羅馬人知道埃夫伯里的巨石有強大的威力，於是刻意毀壞圍繞鎮上周邊的部分石圈，瓦解它的力量。當地原本有一英里長的巨石豎立在路旁（稱作大道，the Avenue）通向埃夫伯里，這些巨石有許多已經碎裂並被當地人拿去使用，聚集的能量也因此被破壞。

★ ★ ★

本章完成後，我出席並主講愛爾蘭和英格蘭的聖地之旅，那是二〇一一年的八月，我與團員到愛爾蘭都柏林（Dublin）附近的紐格萊奇墓、英國的格拉斯頓伯里（Glastonbury）、巨石陣和埃夫伯里等地。每到一站我都會為他們講述我在工作中發現跟這些古老遺址有關的資料。我們在每一站都有當地的歷史學家隨同。可想而知，他們的歷史觀點跟我的觀點並不一致；他們引述歷代相傳的版本，而我則報告我在回溯催眠所發現的事。

我去過巨石陣很多次，但都是在石圈外面；只有得到特別許可的人才能進入巨石陣裡面。這次的旅行，我們獲准進入石圈，不過時間非常早——在日出時分。當時除了守衛，我們是現場唯一的一團。那時下著小雨，我們待在裡面的時間似乎一下子就過了。令我訝異的是，巨石陣裡的空間事實上不像從外面看起來得大，它由內外兩圈石頭組成，我們平常從外面看到的是外圈的石頭。進去時，我注意到在我右手邊的地上有兩塊楣石。我說：「那兩塊石頭不應該在那裡的。」陪同的瑪麗亞．韋特利（Maria Wheatley）是一位熟知當地歷史，也是占卜杖（dowsing）探測術的專家。她告訴我們，這兩塊楣石原本是放置在豎立的巨石上面，後來掉了下來。這兩塊石頭非常巨大，我好奇是誰能讓它們倒下。如果目的是為了關閉次元入口，那麼很可能是被外星人移下來的，不過這只是我的推測。

我告訴團員雪倫的回溯故事後，瑪麗亞指出北方石柱的位置，我們對當年那些人在村民面前舉行儀式時所站的地點有了概念。（瑪麗亞說有證據顯示附近曾有村落存在。）我想知道巨石陣的確切中心點，瑪麗亞指了出來。她身上帶著占卜杖，當她向中心走去時，占卜杖開始猛烈地轉圈。有些團員也想試試，結果也是一樣。我認為這是久遠前的次元入口所在位置的證據。當然，今天殘存的能量無法跟當年還活躍時相比。

我們一群人圍著次元入口成一個圈圈，由瑪麗亞帶領大家冥想。我們為喪生在那裡的男子靈魂祈禱，並集中意念移除任何因現場發生的暴力事件而殘留的負面能量。當我們離開巨石圈時，深深感受到一股平靜的氛圍。就在我們走出去時，另一組獲得許可的團體也正好進來參觀，我對團員說：「我想他們的經驗一定跟我們很不一樣！」

瑪麗亞後來給我們看一張當天清晨她在我們走向巨石陣時所拍的照片，那時太陽還沒升起，她將相機放在護欄柱上拍照。照片裡出現了一個好大的光球，正好在巨石陣中心的上方，也就是入口原本的位置。

我在網路上找到這張一八八七年的照片。這是巨石陣在二十世紀初修復計畫開始前的樣子。

這張鳥瞰圖顯示的是現在的巨石陣

第二十二章 維蘇威火山及龐貝的毀滅

芭芭拉來到一個令她非常開心的地方：一個有著美麗建築物，由鵝卵石鋪成的街道的大城市。「這裡的一切都好乾淨、明亮和美麗。有好多房子，都是白色的。所有的房子外面都有畫，裡面也有。這裡很乾淨。建築物不是很大，也許兩層樓，但大多是平房。房子裡面都好漂亮。很不可思議，好美。這個地方對我來說有些特別。它美得不可置信，非常注重藝術，注重細節。」當我要她把注意力帶到她的身體時，她看見自己是個大約十一或十二歲的年輕女孩，穿著一件古羅馬時期的白色束腰短袍，光著腳站在街上。「這裡好漂亮。就是漂亮。漂亮。漂亮。」這個城市有很多人，他們的穿著跟她很類似，大家都在忙自己的事。「這裡很多人，比我知道的多，他們在過自己的生活，做自己的事……買賣東西，但我想我只是閒逛，在玩。城裡有運貨的馬車，不過現在不在附近。這裡也有動物。」

她和父母住在這個城市。「我父親有錢。我看到周遭有好多銀幣，好多錢。我不知道這些錢是怎麼來的，但我父親有做事。有錢不錯，錢能處理事情。哇！這裡好漂亮。」她描述自己的家，牆壁上有圖畫。「色彩鮮豔，好美，這要很有技巧才能做得出來。這些畫有人物畫、風景和日常生活的圖畫。有時候我們會花錢請人畫畫或是用小石頭做成圖案。要做出這麼美的東西要很有技巧。這是我們生活的一部分。我家外面並沒有什麼圖畫，牆是白色和紅色，但房子裡面有石頭做成的圖像，是我媽媽的圖像，還有鳥的圖。我們家沒有人會做，是付錢請人做的。」她睡在一張墊子上，她說她不必擔心食物，也不用煮，有人為她家做飯。「食物是在遠一點的地方做的，有婦人會負責廚房的事，有時候也有男人在做。你跟他們說你要什麼，他們就會做，烤好後送過來。他們是僕人，不過你還是要跟他們說你要什麼。如果不說，他們不知道要做什麼。我母親管理這些事，她會負責。我父親不常在家，他來來去去，他拿錢回來，然後一切就處理好了。」她沒有上學，她母親在家裡教她。「我媽媽教我怎麼管理一個家，我學著做。我喜歡東看看西看看，體驗美的東西。我希望我也能做出這些美麗的東西。」

我決定移動她到重要的一天，她說她大了些，大約十三、四歲，但她來到的這個場景很混亂。「整個世界就像天翻地覆了一樣。」她變得沮喪。「這裡無法呼吸，空氣裡都是灰，好燙，然後……你沒辦法呼吸。」我下指令讓她感覺安好，這樣她就不會體驗到身體上的任何不適。「噢，天啊！我不知道該怎麼辦，好可怕！我看到的每一個人都好害怕，大家都不知道該怎麼辦。」

朵：怎麼回事？

芭：山炸開了！地震……地震……好多地震，接著轟的一聲！然後空氣裡到處是這些灰……灰……灰。好可怕。我不知道可以去哪裡（她開始哭泣）。沒有地方去！我不知道要去哪裡！空氣裡都是灰，**到處都是**！好燙，空氣好**糟**，情況好糟！好恐怖！我要進到屋子裡，我要躲起來，也許我就會沒事……也許。

朵：事情發生時，你人在外面嗎？

芭：對，然後情況越來越糟，大家都不知道該怎麼辦。

朵：這個情況持續了一段時間嗎？

芭：沒有很久，但也夠久了。好嚇人！就……一切都……沒了！不乾淨了，髒了。

朵：所以你覺得回家躲進屋子裡最安全？

芭：我不曉得還有哪裡安全。情況很糟！（哭泣）

朵：你沒辦法跑走嗎？

芭：跑去哪裡？……我要去躲到我平常睡覺的角落。可是那裡跟其他地方一樣。都不見了！（她這時大聲哀嘆）

朵：怎麼了？

芭：身體……我現在在身體上面。

朵：你不在身體裡了？

芭：不在身體裡。

朵：怎麼回事？

芭：身體停止工作了。身體不能呼吸。好燙。是這個有毒的東西。太可怕了！……現在沒事了，我在身體上面了，我在上面往下看，還可以看到外面。

朵：當你俯瞰這個城市的時候，你看到什麼？

芭：城市都被覆蓋了。怎麼做都不會有用，沒有地方可以躲。

這個敘述最令人驚訝的是聽起來像是維蘇威火山爆發摧毀了龐貝城，而在芭芭拉的描述下，那是個美麗且乾淨的城市。然而，龐貝古城被挖掘出土後，科學家得自遺址的印象跟她說的並不一樣。當然，由於整個龐貝城都被火山灰覆蓋，看起來很可能不同，但牆面和地板上仍有許多由小石頭拼貼成的圖畫。

朵：它曾經是這麼美麗和乾淨的地方，不過你已經飄浮在它上面了。你現在要做什麼？你回不去……你在微笑。怎麼了？

芭：我前面有道光。一道柔和的光。哇……光裡慢慢出現了一位女士。啊！（深呼吸）舒服多了（舒緩地嘆氣）。她就這樣圍繞……圍繞……圍繞著我……感覺真好。我想她在帶我去別的地方。在那裡，我的嘴裡不會有怪味，也聞不到那個味道，沒有那些灰塵。太好了。我要去某個地方，我可以學習。她帶著我，然後把我放了下來。這裡有好多書……嗯，我覺得是書。我們之前那裡沒有這些東西，這裡有好多東西，各式各樣的東西、資料。那是要學習的資料，要知道的事情。

朵：這個地方看起來是什麼樣子？

芭：大……大……大……大……大。書……書……書……到處都是書，還有像桌子的東西。我是要來弄清楚，來學習事情的。

朵：你說那裡有很多資料？

芭：噢，我的天啊！到處都是，你能想像得到的一切，哇！……我想我不要做美麗的東西了，我現在要來看這些書。

朵：你在那裡應該要做什麼事嗎？

芭：吸收資訊，學東西。

朵：那裡有人告訴你該做什麼嗎？

芭：有一個留著長鬍子的老人。他在幫我拿書。（戲謔的口吻）書有夠多！之後我可以自己挑書，但現在我必須先學**這個**東西，這是有關事物怎麼運作……這裡有太多書了，但你總得從某個地方開始。

朵：你要打開這些書看看裡面的內容嗎？

芭：好，我可以噢。（她在笑）

朵：什麼事那麼好笑？

芭：這是跟葉子有關的書。（她仍在笑）樹的葉子。

朵：樹的葉子？他要你看這本？

芭：對，因為有好多好多不同種類的樹。要分辨它們之間的不同，有部分是看葉子。我以前並不知道！

朵：他為什麼要你知道這個資料？

芭：這很重要。他這麼說。這很重要，我需要知道。

朵：你可以問為什麼重要嗎？

芭：為了其他的……為了以後的工作？這是對以後重要，我要能知道差別。以前沒有發生過，但需要在這個地方發生。

朵：那其他的書呢？

芭：噢，是在談不同的植物……這裡的書有你能想到的一切，不過我拿到的這些是關於植物。他特別為我選的。

朵：為什麼他要你知道植物的事？

芭：為了幫助植物生長，如果你不曉得植物的不同，你怎麼知道它們是怎麼生長，如何運作呢？我以後會需要這些資料。他說我需要知道這些。這很重要。有些植物生病了，而我需要知道植物間的差異，才能幫助它們。到了某個時候我必須離開，我必須跟植物工作，幫助它們生長。這裡是來進修和學習的地方。

朵：那裡是你唯一去看書的地方，還是你也去別的地方？

芭：我現在只看到這個有很多書的地方，還有這個老人幫我選書。他說，把這個學起來，於是我就讀啊讀啊讀。我並不知道我實際上可以閱讀（覺得困惑）而且學得會。反正我就是到了這裡，我學的這個是對以後重要，不是為了現在。

朵：好，我們現在離開這裡去看看你還有沒有別的地方要去。

芭：我一直聽見聲音說我必須把書裡的一切都學會才能離開。

芭芭拉顯然是在靈界的圖書館，那裡有所有過去到現在，乃至未來的知識。如果要等她學完可能要等很久，因此我把時間濃縮並將她帶到她已學完所有必要知識的時候。「你已經學習並吸收了許多有關植物的資訊。你接下來必須做什麼？」

芭：離開。

朵：你要去哪裡？

芭：進入一個小嬰兒的身體裡。

朵：有沒有人告訴你該做些什麼？

芭：有，出現了更多老人家。他們很強大而且很有力量。他們是一起的，我不是指他們連結一起，而是他們一起來跟你說：「好，你已經學會了。現在你需要學些別的東西。」然後你可以選一些自己想學的，不過基本上是他們跟你說要學什麼。

朵：他們決定很多事情？

芭：沒錯。我要離開了，而且顯然我需要跟人和植物一起工作，因為現在的東西並沒有正確生長。

朵：你能決定自己要去哪裡或是做些什麼嗎？

芭：有時候你可以決定**什麼時候**。他們讓我自己決定什麼時候出生，誰當我的父母，但我必須做這個工作。這是工作。

朵：因為植物現在沒有正確生長？

芭：這樣植物才會正確生長。現在沒有。現在就好像植物不知怎麼生病了。它們不對勁。也許它們不需要生長在這裡，應該在別處、跟別的東西種在一起，但那裡的人並不知道。因此他們需要新到那裡的人跟他們說，並且幫助他們，要不然就會沒有食物（看起來很擔心）。食物會消失。

朵：現在的植物為什麼沒有正確生長？

芭：外面的世界已經改變了，而舊一代的人仍做一樣的事。他們需要新的人進來做些不一樣的事。知道一些別的事，這樣才會還有食物。要不然大家都會死。

朵：植物那麼重要？

芭：要不然人吃的是什麼？

朵：所以不是所有的事都在進步。聽起來有些事是在退步。

芭：只是生病了，東西生病了。事物改變了，但人並沒有跟著改變。他們需要改變。

朵：所以他們認為你能幫得上忙？

芭：我是其中一位。還有其他幫手。

朵：你們的工作是跟植物工作？

芭：跟植物工作，並且做些改變。小小的改變，最後會匯集成重大的改變。

朵：必須是重大的改變才行嗎？

芭：最終是的，但小小的改變會比重大改變來得容易處理。

朵：那麼在你進入小嬰兒的身體之後，你要怎麼做呢？

芭：小嬰兒沒多大作用。嬰兒必須先長大，不過知識會在的。

朵：他們有沒有跟你說你要怎樣造成這些改變？

芭：出生在原本就是務農的家庭。

這有道理，因為芭芭拉這一世就是出生在鄉下的貧窮農家，她在大自然的環境裡長大。

朵：你剛剛說你可以選擇出生在哪個家庭？

芭：對，他們種東西，他們是農夫。

朵：這是你回來地球後要做的唯一工作嗎？

芭：跟植物工作是最主要的。跟難相處的人好好相處也很重要。跟難搞的人。

朵：為什麼？

芭：學習彈性。有彈性會讓更多事變得可能。

我詢問剛剛看到的前世目的。「我知道那是怎麼回事了。維蘇威火山爆發。我看到那個地方就知道了，那是龐貝。我看得出來。芭芭拉這世去過那裡，但它看起來很不一樣。她看過那個城市。」

當芭芭拉這世參觀龐貝時，她感受到強烈的情緒，一種對災難的不祥預感仍然籠罩著這個地方。那一世的家人也出現在她這一世，只是扮演不同的角色。我問芭芭拉，生活在那裡並以那樣的方式死去，她學到了什麼。「放下，放下，放下。那一世很短。她很喜歡那裡，但在火山爆發後，她有了恐懼，她有無法再信任的感覺。那麼理想的環境、那麼美，你卻無法信任。很難想像！那麼美的東西可以變得那麼恐怖，你會覺得沒有什麼是安全的。這樣的感覺仍有一些殘留到這世。」

朵：那樣的死亡，目的是什麼？為了活短暫的一生嗎？

芭：那是償還別世所做的事。她曾經非常殘酷，非常殘酷。她在某個層面已經知道。這是為什麼她人生中有很大的濫用能力問題——不只一種——是**很多**。

朵：很多不同的能力？

芭：噢，對，很大的能量。

朵：那是發生在地球嗎？

芭：算是，但不是這個地球。幾乎像是地球的另一個化身。

朵：所以地球也有很多化身？

芭：那是即將發生的事。一個新化身就要來了。要來了。

朵：她之前是在地球的舊化身？

芭：在地球現在的化身之前。她很有力量。她一直都害怕自己的力量。這個恐懼源自她的力量曾造成許多苦難。不只是對其他時間和空間的她造成不幸，而且苦難是因為她貪戀自己的能力、本領。她對「我能讓它發生」的力量著迷，那種掌控的感覺。那時的她就是這麼想的。（邪惡的語氣）「我能讓它發生。」她的力量很不可思議。

朵：在那一世，地球的化身有人類嗎？

芭：有像人類的生命，那時候有恐龍和動物。

朵：那時每個人都有這個能力嗎？

芭：很多人有，是的。

朵：所以她比別人更常玩弄這個能力？

芭：她真的很糟糕，比大多數人都壞。她的表現幾乎就像她想稱王全世界——世界的女王——（操控的）力量。

朵：她有傷害其他的存在嗎？

芭：有，有。不過不只她。

朵：那一世發生了什麼事？

芭：毀滅。發生更多地震和水。水，不是灰，是水。

朵：是她引起的嗎？

芭：噢，是的，她是部分原因。濫用力量。想看看會發生什麼事。沒有考慮後果。

朵：所以在災難還沒發生前，她已經在傷害其他生命了？

芭：但那不是事件發生的原因，那不是她的本意，她不是想傷害其他生命，而是「我想要很厲害」或「我想要很重要」。她是這麼想的，其他人也是。他們也認為他們正在做的事情會讓事情變得更好，而他們就會是重要的。並不是「噢，我們來結束這個世界吧。」他們不是那樣想，但那就是發生的事，那就是後果。毀滅來臨，世界被水……水……水……水……給毀了，所以就用這一世的開心……開心……開心……接著地震……灰……灰……灰，到處都是（火山）灰……來償還。

朵：只是這次她必須在另一方（指被毀滅）。她是被動的角色。

芭：是的。那個業已經結束了。

朵：那是很大的業。

芭：對，但是恐懼依舊存在。她恐懼能力，害怕能力最終會傷害到別人。

朵：這是她現在這世還沒有使用她的能力的原因之一嗎？

芭：對，就是這樣。她小時候就有很多能力。現在仍然有。

朵：她有點把它們隱藏起來了，不過現在這些能力回來了，是嗎？

芭：而且展現的時候會嚇到人。她知道她現在必須使用這些能力了，她知道不能濫用、不能那麼自我。那個時候就是這樣，那世的那些人都很自私，他們活在小我裡，以為自己與神一起，以為做什麼都沒有關係，不會有長期的後果。他們以為沒有關係。以為可以更自私一點、再自私一點、再一點，再一點，以為都會沒事。

朵：所以那個記憶仍然在芭芭拉的下意識裡。

芭：害怕擁有能力，這個恐懼完全在她的記憶裡。她要對具有能力感到自在，感到安心，找回它們。比較小的能力回來了，但恐懼對她來說非常巨大。她必須學習信任。但當(自己的行為)毀滅一切時，要再次信任會很困難，而且她仍然有那自以為自己很重要的問題。就把那些都放下吧。這就像一些除去水垢之後的溝槽，裡面還有像石頭一樣的東西。那個恐懼的石頭無法去除，無法消失。

朵：嗯……這是有目的的，因為我們不想她往以前的那個方向走。——當她在圖書館的時候，她在學習有關植物的知識。你們想要她使用那些知識嗎？

芭：她知道許多植物的知識。這對她來說很簡單。她需要繼續做她現在在做的事。她研究、學習，她幫助人。這是她需要做的事。

接著芭芭拉收到許多跟個人生活有關的建議，特別是關於婚姻，她的婚姻即將走到盡頭，她該放下繼續往前了。那些業都已經償還。她這世的丈夫也曾是那世濫用力量，導致毀滅災難的一員，因此他們必須一起回來，以不同的角色學習。芭芭拉這世的母親非常依賴她，她的母親曾是芭芭拉在另一世的僕人，但芭芭拉並未善待她，因此這一世芭芭拉必須照顧她的母親。

臨別訊息：她會很好的，她要知道發生在她人生的事是為了她最高善的目的。對她來說，這會使她自由。她的人生在某方面來說，還沒有真正展開。現在才剛剛開始。

朵：她擔心自己越來越老了，我跟她說她還有很多年呢。

芭：她需要看看鏡子，那是社會文化給的想法，糟糕的文化。

朵：你們有一次跟我說年齡不再是以前那麼回事了。年齡的意義不一樣了。

芭：你們現在一百歲的人都還開著車子跑來跑去。年齡不再是以前所想的那種限制了！

第二十三章 下地獄

二〇〇七年，當凱瑟琳來到我在澳洲雪梨下榻的飯店催眠時，她拄根拐杖，彎著身子走進房間，看起來比她實際的四十多歲要來得老。她來找我的主因是希望能緩解下背部的持續劇痛。此外，她也會參加幾天後的催眠課程。

凱瑟琳出生在一個忽視並虐待她的家庭。她被認為是個「意外」，她的母親從來不想有她這個孩子。她從小就被說她不夠好，而且不論發生什麼都是她的錯，她在家裡從未得到同情。她的父親對她完全漠視，因為他不認為她是他的孩子。當初父母不得不結婚是因為母親懷了凱薩琳的哥哥。哥哥受到的對待比較好，不過父親並不想再有小孩了。在凱薩琳的記憶裡，從小到大父親只對她說過五或六句話。他完全無視她的存在。

凱薩琳後來離家上大學，主修心理學。結婚後，她承受的言語暴力和痛苦只有更多。她的性生活不理想，主要是因為她不想要。她有兩個孩子，兒子在離婚後跟了她先生。她後來的第二次婚姻也沒有任何改善。（有上述的情況，她的背會痛也不令人意外了。）

出社會後，凱薩琳的工作是幫助幼時受虐的婦女及被虐兒童。照理說，這應該是個理想的工作，因為她對家庭暴力能夠感同身受。然而，這個工作卻帶給她許多壓力，個案的遭遇和問題勾起她傷痛的回憶。那些她從未處理的陳年往事快把她壓垮了，於是她轉調內勤，改做文書工作，不直接面對那些家暴受害者。

凱薩琳的父親五十多歲就過世了，他有個經常生氣的母親，他是他母親火爆脾氣和怒氣下的受害者。凱薩琳的媽媽（現在八十多歲）至今也仍對每件事充滿憤怒。她總是把婚姻的失敗和自己的不快樂歸罪於凱薩琳，即使到了今天，她每次打電話也都是對凱薩琳大吼大叫，指責她的不是，從未對凱薩琳表達過任何同情或理解。

凱薩琳不喜歡自己的工作，來催眠的前幾個月，她因心臟病發而辭職（生病是逃離不良或令人不快情境的一個方法）。她找過其他催眠師探索前世，希望能找到一些答案。她的許多前世大多與修道院有關，當修女的經驗多過修士。在一個她獲得最多資料的前世裡，她五歲時被丟棄在修院，她在那裡長大，完全吸收了修院嚴厲、嚴格和服從的教條，她在那裡過了一生，後來並以同樣的方式訓練新進修女，將受苦的需要教導給她們。凱薩琳以為自己已經從探索這些前世和冥想清理掉大多的問題，不過從我們的催眠療程很明顯可以看出，她只觸及了表面原因。為了上天堂必須受苦的觀念深植心中，直到今天還強烈影響著她。

★ ★ ★

凱薩琳從雲上下來後，看到自己是穿著古羅馬式短袍的年輕人。他站在岩岸上眺望著大海，洶湧的波浪拍打著岸上的岩石，他感受到一股強烈的情緒。「我很怕回到城裡，害怕將要看到的場面。」他開始哭泣哽咽，「山爆發了，因為山爆發了，大家都好害怕。」

朵：事情發生的時候，你在城裡嗎？（不在。）現在還在噴發嗎？還是結束了？

凱：還在噴發，大家都在逃，但不知道要跑到哪裡。我聽到他們尖叫，看到他們四處逃，他們很痛苦、恐懼和慌張……煙……還有灰……把街上的人都覆蓋了，他們無法呼吸。智者說這是因為這些人很壞，他們好色淫蕩又崇拜神祇和魔鬼，他們不再是誠實正當的人，他們必須為他們的罪付出代價。智者們要他們別再飲酒狂歡和召妓賣淫等等……有些人聽了很害怕，他們相信智者。有的人聽了只是大笑。現在他們要付出代價了。

朵：所以整個城墮落了？（對。）你相信智者嗎？

凱：我不知道要相信誰，因為領導者和人民不想聽智者的話。領導者要我們跟他們一樣酗酒，過靡爛放蕩的生活，但智者中的預言者說：「不要做那樣的事。那是錯的而且傷害人類。」因為他們酒喝多了就會做出傷害人的事。智者說我們將要付出代價，但人們不聽。

朵：你有沒有做這些事？

凱：我只有十八歲，正要成年，不知道什麼是正確的路。我不想做不對的事，然後被懲罰。我沒有辦法知道真相。我不知道那些領導者的話能不能聽，是不是該追隨那些夜夜飲酒狂歡的人；還是應該當個正經的人守規矩，或是追隨神職人員。

這裡不是他的家。他從羅馬來這裡拜訪表親。「很糟的城市。我來拜訪表兄弟，他們帶我到處賭博和喝酒，我不習慣。誰是對的呢？（絕望無助的語氣）誰說的是真的？我們要如何知道事實？為什麼我們聽不見神的指引？為什麼我們只從那些欺騙人、想控制我們的人的嘴裡聽到神的旨意？好辛苦。我想要聽見真相，我想跟神職人員一樣。」

現在他來到火山爆發的當下。「我在海邊看著，看著他們逃竄，聽見他們尖叫。他們在說：『看吧，我早跟你們說過，如果你們不改就會發生這樣的事。』其他人則回：『噢，別蠢了！這根本無關。』太可怕了，可怕的事，可怕的時代。」

朵：你現在有什麼打算嗎？

凱：留在水邊。留在水邊。不靠近那團煙霧。（她的呼吸變得沈重）

★ ★ ★

我曾有過另一個類似的催眠回溯，個案敘述的情形可能是在同一個時候，或是另一個火山爆發的地方。在那個故事裡，她跑進海水躲避熔岩和火山灰，她認為水裡比較安全。然而，沒有地方是安全的。海水溫度升高到把人活活煮死的程度。因此在這種情況下，不論下什麼決定，似乎都無濟於事。就像前一章的女孩，她想躲回家裡避開火山灰，但仍窒息而死。

★ ★ ★

我濃縮時間，看他接下來決定怎麼做。「天啊，我沒辦法決定！我無法決定要留在海邊，還是往高處躲，那裡跟噴發的山不同方向。（開始驚惶失措）我下不了決定。（哭泣）我下不了決定。我獨自一個人，我不知道要怎麼決定。（勉強鎮定了些）好吧，現在不要怕。不要被恐懼嚇到動不了了。下決定吧。（他自問自答）要是選錯了怎麼辦？……算了，不管了！」

朵：不管怎麼選，都是你的決定，你打算怎麼做呢？

凱：先留在這裡。先不採取行動，因為這裡比較安全。我現在沒有看到岩漿，只有煙霧和灰，還有被火山灰燒傷的人……現在我跑過街道，路上躺著人，有些人的身上覆蓋著熾熱的灰。

朵：你為什麼要到城裡？

凱：看看是怎麼回事，因為我不知道我該做什麼。我不知道該怎麼辦。我最好逃走……好多人死得好慘。我聽到尖叫聲。

朵：讓我們看看你後來怎麼了。

凱：一切都安靜下來了。沒有要做決定的恐懼了，因為已經做了。那個決定是在非常非常恐懼下做的。害怕無法決定的恐懼已經結束了。他死了。

朵：你是怎麼死的？

凱：火山灰，灼熱的灰。

朵：可是你那時候並不必回到城裡，不是嗎？

凱：但我不知道該怎麼辦。

朵：你在水邊是安全的。

凱：可是灰過來了，我必須跑才行。它甚至到岸邊了。（哭泣）我必須跑，我不得不衝過去……現在安靜下來了。我在飄浮，其他也在飄浮的人覺得困惑和迷失，他們不知道發生了什麼事。他們不知道。太嚇人了，好多人都嚇到了。

朵：很多人死了嗎？

凱：是的。很可怕……我現在也很迷惘。我還是能感受到那個痛……灼熱的痛。

我下指令移除任何殘留的身體感受，這樣他就能不被這些感受干擾地說話。

凱：那個灼熱的痛，罪疚，還有下不了決定的感覺，從未離開我。（再次哭泣）我被困在那裡。他們都離開了，但我被困在身體裡，不死，不活。

朵：為什麼你被困在那裡？

凱：因為我需要身體。我會被烤焦，被神處罰。

朵：你是害怕會發生那樣的事嗎？

凱：是的。那都是神的旨意。

朵：不過你不再需要那個身體了。它不再作用了。你無法讓它動了，不是嗎？

凱：那當可以安全離開的時候，到了地獄，我會不會發現情況更糟，我要永遠在地獄被火燒呢？

朵：你是害怕會那樣嗎？（對。）他們跟你說會是那樣？

凱：對，他們說的，他們說的。那些老巫婆和惡毒的人，用他們瘦瘦的手指頭指著你說：

「你會下地獄！」

朵：可是你沒有做什麼壞事，你沒做其他人做的那些事，你有嗎？

凱：沒有，沒有，我沒有，可是我有想試試看。

朵：好，想試很正常，但你沒有那樣做。我不覺得你需要為了你沒有做的事而擔心被懲罰。

凱：不過我在死後去了一個像是地獄的地方，他們這麼說過：「你會永遠在地獄被火燒。」我去了那裡是因為我相信了。因為我有好多恐懼。但他們錯了，他們需要知道他們錯了。他們說的是基於他們的恐懼和錯誤的知識。他們沒有真正的信仰，那些是假的，他們教我假的事情而我相信了。所以我無法做決定。他們錯了。他們的教導是出於恐懼和錯誤的觀念。那些喝酒、賭博、好色放蕩也許有害，也許他們造成了傷害，但不是所有的傷害。我相信了他們說的，而且也很害怕，我甚至連嘗試人生的機會都沒有了。我被太多不同的看法給絆住，但卻沒有一個是真實的，是可以信的。

朵：你認為那是你對問題無法做出決定的部分原因嗎？

凱：對，我無法做出決定，但我並不必在那個像地獄一樣的地方。他們讓我相信我必須下地獄。現在我知道了，真是鬆了一口氣。我不必待在地獄般的地方，我以前相信他們說的一切。

朵：你知道了地獄不是真的，那你現在要去哪裡？

凱：我好像可以去光那裡。以前那些人跟我說我不配。

朵：可是你知道了你不必相信他們。

凱：是的，我不必相信。我能夠到光那裡。我看見人們飄浮到某個美好的地方。他們都在飛，跟著彼此往上，往上，往上……但我沒有去那裡。我往下了。

朵：那是因為你相信了他們的話。現在你可以去別的地方了。（對。）那裡是怎樣的地方？

凱：它是一道長長的……像道光束。所有因死去離開身體的靈魂都在飄著。他們兩三個並排，一個接一個地排在一條很長的隊伍後面，朝向這些光的雲朵。光是金色的，裡面傳來音樂聲，看起來好美。我不認為我能去那裡，我不認為我配得上。那裡有存在體在指路，幫忙徬徨或落在後面的靈魂排隊前進並往上。

朵：幫助那些困住的靈魂。

凱：對，就像我一樣。有人把我們從心智地獄的體驗拉了出來，但那個地獄感覺好真實。原來我們是可以自由的。

朵：當你到了光那裡，那是怎樣的地方？

凱：我們被一道溫暖撫慰的光包覆，所有的恐懼都不見了，所有的罪……那些我認知到的罪……都逐漸消散。那些被熱灰灼傷的痛逐漸消失。你不必永遠留著它（驚訝的語氣）你不必永遠留著它！（哭泣）知道不必永遠這樣，我真的鬆了口氣，我放心了。他們說我會永遠在地獄。

朵：（笑）可是他們錯了！

凱：知道是這樣我好安心。我不該相信他們的。我根本不該相信他們的。

朵：那是因為當時的情況。（是的。）你是去那裡學習並做出決定。

凱：我想那是要我避開賭博和飲酒。他們帶我們去不好的地方，教導我們錯誤的事。我可以把這些放下，我可以放下痛苦，我也可以讓害怕成為酒鬼的恐懼離開。把它們都放下，我想讓真相進來。我們要去的這個地方就有真相。

朵：讓我們來到你到達那裡的時候。那是個什麼樣的地方？

凱：呼吸……我之前在地面無法呼吸，那個感覺一直跟著我，現在我可以呼吸了。這裡好美，到處是跳來跳去和閃亮的光束。我可以呼吸，我可以再次被接受。（輕聲地說）我能被接受。

朵：那裡有沒有人跟你說話？

凱：不是我認識的人，但這裡有很多人，他們很友善，他們招手要我靠近點。但我就是無法相信我可以在這裡。

朵：（笑）當然可以啊。

凱：而且我不痛了，沒有罪惡感，也不會永遠在地獄裡。

朵：你可以在那裡，完全沒有問題。

凱：（氣憤的語氣）那些人教了我錯誤的觀念。現在我們這些被困住和迷失的靈魂被帶到一個像是神殿的地方，這裡閃著光，我們在這裡能夠從過去的傷痛復原。我看到別的靈魂，他們並沒有被困住的時候，他們就直接進到這個美麗的地方，然後馬上就復原了。但我們這種被困住的就需要幫助。

朵：這個神殿是什麼樣子？

凱：外面都是柱子，很美。它的裡面……我現在在一個池子裡。他們說這個池子能療癒我那些可怕的傷口和痛苦，這是個可以療癒所有被卡住的痛苦，所有驚恐和害怕的水池。金色的水散發著光芒，水到你的腋下，你站在發出金色光芒的水裡揮舞著你的手臂。

朵：它把一切都洗滌了？

凱：沒錯。而且我的靈魂還活著。那些人說你的靈魂會死在地獄，我並不知道我還可以活著。（非常驚訝）他們說你的靈魂會死掉而你相信了。你不知道你可以活！

朵：靈魂是殺不死的。他們說的不是事實，不是嗎？

凱：對。他們能隱瞞事實是因為我們相信了他們。我不再需要追隨他們了——我現在跟其他人一起坐在這個美麗的地方和花園，他們在吃葡萄，我被允許加入他們。我曾經離開了一段很長的時間，現在我被允許在這裡，被拯救，擁有我很久很久沒有的生活。

朵：你會在那裡待一陣子嗎？

凱：我需要被教導，新的教導。關於上帝和生命的真實真相。有仁慈的老師會來教我們這些事，去除舊有的錯誤認知對我們的影響。我在這裡可以很平靜。而且我們能夠成長，因為我們的錯誤學習停止了。他們說在我們學到更多事情之前，我們不必回地球。

朵：他們要你們有更多的準備？

凱：這樣下次才能做得更好。我們之前沒有準備，也沒有做對。我們相信了錯誤的信念，沒有成為自己該成為的樣子。所以現在我們有機會接受教導，下次再去的時候，我們會活出自己，真正的自己。我們能夠獨立思考，成為獨立個體。我們能夠做自己，能夠真實並活出自己的天命，發揮我們的潛能。這些先前被拿走了，現在正在恢復了。

朵：是回來把它做對的時候了。

凱：對，帶著正確的知識和適切的鼓勵。

朵：當你回到人世，進入了身體，你會記得這些嗎？

凱：這我不知道，但我知道人們現在會鼓勵，會讓我們做自己，而且想要我們做真正的自己，而不是像以前那樣被噤聲或隱藏起來。他們要我們活出真正的自己，而那個真正的自己遠超過我所能想像。

朵：讓我們來到你已經學完他們要你學的所有事情，而你也準備好要進入肉身的時候。有人協助你，或告訴你什麼時候要下去嗎？

凱：有。我們現在正在上課，在上如何回去的課。這些是已經準備好，正在聽回去的指示的靈魂。

朵：是哪些指示？

凱：你可以帶著你真正的知識回去，雖然它可能不會立刻出現。它永遠都在，你可以召喚它，要求它出現，你可以跟它連結，你永遠不必失去你的連結。你以肉身在地球生活並且保持連結。

朵：你可以選擇要進入什麼樣的人生或身體嗎？

凱：沒有，我覺得我還沒有選。

朵：讓我們前進到你得到指示的時候。他們允許你選擇你想去的地方嗎？

凱：對，而且這次他們還幫我選了一個很好的。這個人生會打造我的靈魂並修復我的心靈。

朵：他們沒有為你做決定？

凱：沒有，他們給我看不同的人生，然後幫助我選擇好的。你不必每次都選那種很糟的課程，很痛苦的課題，你可以選一個好的。你可以發展音樂的才華，當個鋼琴家；你可以選擇會打造和提升你，而不是那種把你撕裂和毀滅你的人生。

朵：你會選哪一種呢？

凱：我喜歡自然和科學。我可以選有科學的。我可以研究宇宙。

朵：你有選擇你的家庭嗎？

凱：我們似乎是一群人一起去一個星球，我們在那裡研究物理和宇宙，還有物質界生命的所有秘密，以及如何幫助人們做得更好。那是一個我們大家在一起工作，有很棒的老師，而且不會有地球上的問題的地方。你不會被折磨得面目全非。你能夠在光裡工作。

朵：比起回來地球，他們認為這是比較好的選擇？

凱：對，是幫助人類的較好選擇。要不然我們永遠會被卡在那些地獄般的小洞裡。……我們可以建立不一樣的東西。和平的事物，不必心灰意冷或心碎就能學習並了解你能做什麼。

朵：你在那一世的身體是什麼樣子？

凱：跟地球的不一樣。不那麼容易受傷。很堅韌結實，有皮革感，看起來有點像爬蟲類。

朵：聽起來你們很聰明。

凱：對，我們不論在什麼地方都算聰明，因為我們在地球時太笨了。

朵：那麼你們在那個星球待了一陣子？（對。）你有沒有成為科學家？

凱：有，這滋養了我的靈魂，讓我的靈魂充滿知識和資料，我因此幫助了許多行星和具有肉身的種族。這是為了幫助他們，為了減輕痛苦，因為痛苦造成了太多破壞和傷害。

朵：你們在那個星球上做所有的工作嗎？

凱：噢，不。我們坐太空船出去。我們有整個宇宙要研究。恆星如何爆炸、行星如何發展。宇宙是如此浩瀚和美麗，而我們可以參與。這很奇妙，因為這一分鐘我們可以出去看星星和銀河，而下一分鐘我們能去看別的東西。我不知道是怎麼辦到的……在不同的次元間來來回回。我們想要學習和教導。由於我們的地球經驗裡有許多東西需要被療癒，他們給了我這個機會療癒。

朵：你在探索宇宙的時候，曾經接近過地球嗎？

凱：我還沒有去那裡。

他在那次可怕的經歷後，似乎終於找到了快樂，於是我決定帶他到那一世的最後一天，看看那天發生了什麼事。

凱：在我心裡的閃亮金光，開始擴展到我整個身體和能量體，深入了我的靈魂，滲入並瀰漫我整個存在。其他要離開的同伴也是這樣。

朵：你要離開的那個身體怎麼了？

凱：它就化為塵土了。

朵：身體沒有任何問題？

凱：沒有。當金光來了，我們知道我們已經療癒，是時候帶著我們學到的知識給其他星球和物種了。現在我們是一個飄浮的金色光球，我們帶著知識到議會，跟帶著別的知識的其他存在互相交流。有銀色的，還有閃著不同顏色的光球，我們一起把資訊注入知識的池中，讓所有的生命都可以使用，這樣一來，受傷殘破的星球也可以汲取這個知識療癒自己。

朵：那像是一個收集一切事物的巨大水池嗎？

凱：不完全是水池。有很多的泡泡。每個存在就像一個發亮的泡泡，而他們的所有知識形成像電流般的流動，流向宇宙，流向需要它的地方。一個處於痲煩的星球，像是地球，就可以召喚這個電流過去。它像道金色電流來到星球並帶來療癒。整個星球都能夠受惠。

朵：一整個星球要如何接收這個電流？

凱：嗯……是不行，不過當人們準備好了，他們會敞開心接收。它會慢慢療癒那個星球，療癒星球上的人，療癒破碎和傷害。

朵：星球上的人必須有那樣的渴望嗎？

凱：是的。必須有人召喚，不然它就會從星球上方流過，他們就會完全錯過它了。

朵：所以他們必須想得到幫助？

凱：對。因此很多、很多的光泡泡……每個存在都持續聚集在中央，帶來知識和資訊，以及有幫助的東西跟大家分享。這些光泡泡來來去去，帶著自己一桶桶的知識倒進去，而且它們可以選擇去別的地方，帶回別的知識。……我們不必永遠在破碎的狀態。我們現在被修復了。

朵：現在我要你來到你決定回到地球，進入凱薩琳的身體的時候。你現在正在透過這個身體說話。

凱：噢，她呀！她受傷了，但她不必如此，她現在有我了。她在地球的好多世都在那種頹喪破碎的狀態，不過現在我來幫她了。她失落的一部分。現在起，那閃爍的金光也會在她之內了。她會很開心，她曾那麼忠實地抓著所有苦難不放，但她現在不用這樣了。

朵：你可以向她解釋為什麼她選擇和父母有這麼戲劇性，這麼多問題的人生嗎？

凱：她非得持續受傷不可。每一次經驗後的每一點傷痛，她都一直抓得牢牢的。她認為這樣緊抓著痛苦不放，是對神的忠誠。

朵：她認為自己曾經有幾世是很虔誠的教徒。

凱：對，所以她受傷和破碎的程度也就隨著每一次的經歷增加。她使狀況更糟並且緊抓不放。她以為自己是在做對的事，這是她表現忠誠的方式。她用錯地方了。

朵：那麼當她進入這一世的時候，她認為自己必須繼續體驗傷痛和糟糕的經驗？

凱：沒錯，她繼續在受傷、不健全和受苦的狀態，全因為他們告訴她……某個時候他們告訴她……上帝喜歡人們因祂的名受苦，而她相信了。現在她因為看見維蘇威火山（的爆發），她知道那些教導是錯誤的。

朵：那她的父母呢？為什麼他們全都決定一起回來經歷這些？

凱：他們是溫和的靈魂，還有好多東西要學習，而且他們有一些共同的錯誤信念，因此一切就這麼展開了。他們都有過充滿迷信和恐懼的原始生活，因此他們跟迷信與恐懼有共同的連結，幾乎是無意識地持續受苦——我看見（她的）母親了。她非常相信苦難對靈魂有幫助，所以她一直一直在重複同樣的模式，從沒有意識到這有多麼不對。

朵：但凱薩琳並不需要再困在那個信念裡了，不是嗎？

凱：對。對。她不想再困在裡面了。她以前不知道要怎麼離開。

朵：不過現在你能幫她了，對吧？

凱：對，因為新的資料已經進入並穿透之前被痛苦鎖住的地方。現在她的生命會整個轉變，因為那個遙遠星球上發生的療癒和得到的科學知識會跟她同在……就從現在這世開始。

我詢問凱薩琳的身體狀況。他們說如果她繼續走在先前的方向，她活不了的。她跟隨的是錯誤的道路。

凱：因為那些累世的傷痛，她的心枯萎了。但她現在學到，如果一段關係結束，不必枯萎而死，因為你是自給自足的獨立個體。現在這顆枯死的心能被療癒。它不再枯萎了。

接下來他們把注意力放在凱薩琳的背，治癒她因疼痛而嚴重影響的背部。疼痛從她的脖子往下延伸到整個背。醫生們說沒有別的辦法，只能以手術解決。

凱：那是因為極度緊繃和頑固死板，以及堅持用舊方式過生活。放下吧。骨頭現在可以修復了。我現在就能修復。讓電流能量環繞整個脊椎，重建修復骨骼的整體能量。電流之前沒有運作。接下來幾天，當電流和能量流經她的身體，她的骨頭會被調整。療癒的模式已經建立了。她不覺得自己能在次元中穿梭，但她的脊椎卻是在那個次元間地獄般的地方，而且仍被羈絆，那是跨次元的地方，但不是她想在的地方。不過現在它是在健康模式下的跨次元了。光的管道已經打開。她以為自己沒有力量，可是要把脊椎維持在那個次元地獄要花上很大的力量……想想她有多大的力量吧。……現在她整個身體都因為流過的能量而刺痛。

訊息：她會很開心加入我的工作，把光帶到不同的星球，並且喚醒人們，幫助他們的生活。她會很開心，她會帶著渴望和快樂的心來做這個工作。

朵：你說「我的」，我現在是在跟潛意識說話嗎？

凱：我是科學星球的那個存在。

朵：所以你的意思是你現在被指派來跟她工作？

凱：對，我是她被隔斷的那個部分，她因此感到非常失落。這個工作是星際間的工作。她想成為星際工作的一份子。

臨別訊息：就是多聽。多聽，因為真相就在其中。不要放棄。

★　★　★

在我們的催眠裡，凱薩琳是死於維蘇威火山爆發的男子，一團滾燙的熔岩擊中他的胃部，造成嚴重灼痛。他在混亂和困惑中死於龐貝城，為了尋找答案，他在之後的轉世過著有信仰的生活，這大概是為什麼他會提到那個地獄般的地方。他被教導受苦是人生的答案，而這個信念被帶到凱薩琳的生命。

在催眠過程中，另一個靈魂碎片或面向出現了，這個面向找到了正確的路徑，它現在能與凱薩琳融合並把需要受苦的錯誤信念帶走。夠了，不必再把受苦當作必要了。

修道院的忍飢和安貧也讓她受苦。由於不知道下一餐能吃到多少食物（或會不會有下一餐），因此她們儘可能地吃。（注意到了嗎？龐貝的男子是死於胃部的創傷。）

★ ★ ★

催眠過後，凱薩琳很驚訝地發現她的背不再疼痛，她也看起來更柔和、更年輕了。她自願隔天晚上在我演講時當幫手，而她也會來上我的催眠課。當她到達演講會場時，她臉上帶著笑容，跟我們說她感覺非常好。開始上課前，她說有話想告訴大家，而且要在他們面前露一手。她在教室裡繞著圈子又走又跑，興奮地笑著。她說，上課前一天她已經在雪梨的大街小巷裡走了四個小時，身體完全沒有任何不適。

★ ★ ★

令人難過的是，這類恐懼仍舊存在於今天的世界，而且是教會所造成。我的女兒茱莉亞在加護病房擔任護理師多年，她說最悲哀的案例是那些死於恐懼的人。他們面對生活的所有挑戰，一輩子規矩生活，然而教會告訴他們，除非他們已達完美的境界，否則還是要下地獄。由於沒有人是完美的，所以這些人很害怕，他們知道自己即將死去，而教會卻讓他們相信自己一定會下地獄。我認為任何宗教組織讓一個人這麼害怕死亡是很大的傷害。他們應該告訴人們，當他們到了死後的世界，他們會發現那裡的美麗與奇蹟。他們並不會孤單，他們將與已逝的親友重逢。

「另一邊」是一個充滿無條件的愛的地方，無論他們剛結束的這一生是怎樣的狀況，沒有人會被批判。當他們脫離了塵世的肉體，他們只是要「回家」了。那裡並不可怕，而是一個受到大家喜歡的地方。我的著作《生死之間》裡有更多關於死亡是怎麼回事的訊息，以及你在靈界可以去探索的所有美妙地方的資料。

★　★　★

對於不知道龐貝城歷史的讀者，我先簡略地說明。有一次旅行，我們從羅馬搭巴士經過拿坡里到龐貝城遺跡。聳立的維蘇威火山俯瞰著整個遺址，山頭冒出的白煙顯示它仍是座活火山。科學家說維蘇威火山何時再度爆發只是時間的問題。我對我們離它那麼近，感到有些不安。維蘇威火山在公元七十九年爆發的時候，將整個龐貝城掩埋在火山灰裡（就

龐貝遺址與背景中聳立的維蘇威火山

如前段催眠的敘述。）火山灰毀滅了龐貝，卻也為後世保存了這座城市。多年來的考古研究發掘出許多保存良好的建築和古物，遺址顯示了龐貝是座大城市。由於保存完好，龐貝被認為是我們認識古希臘和羅馬時期文化的豐富資料來源之一。從兩位死於維蘇威火山爆發的罹難者口中，我們有兩個不同的龐貝城版本，而它們基本上都是正確的，只是從不同的觀點敘述。第一個回溯裡，我們從當時住在龐貝的小女孩，知道了她眼中所見的龐貝是一個乾淨美麗的城市。考古學家在龐貝挖掘出完美保存的建物牆面上，發現了由粉飾灰泥構成的裝飾圖案（stuccos）、美麗的壁畫，還有由小石頭組成，也就是馬賽克式的鑲嵌畫。這些美麗的畫不只是在公共的建築，也在住家裡的牆面（如同催眠所描述。）這個城市也有許多工業、農業與商業活動，因此那個女孩的父親很容易就成為有錢人。在小孩子的眼中，她只看到美好，沒有看見龐貝城的黑暗面。

年輕男子的龐貝版本也沒有錯。考古發現的建築物的繪畫包括了春宮圖，以及具有誇張性器官的雕塑，城裡的人似乎沈溺於肉慾，因此那位男子所說的糜爛淫亂的龐貝也是正確的。古羅馬人向來以縱情色慾和飲食無度知名。在一些古代遺跡曾發現他們稱之的嘔吐渠道（vomitorium，通常在大出入口）。他們會吃了很多東西之後去吐，吐完後再回來繼續吃。這樣的世界對一位來自鄉下，剛到城市的年輕男子來說，必然非常困惑。因此當他突然地死於災難，可以想見他的心裡充滿了罪惡感。

某戶人家的馬賽克圖

★　★　★

研究顯示，地獄的概念是始於新約聖經完成後的西元第二和第三世紀。許多世紀以來，地獄的概念被過於狂熱的基督教傳道者用來嚇唬他們的群眾服從，但它並沒有聖經經文裡的根據。

第二十四章 隱藏耶穌的教導

這個催眠是我在加州奧海鎮（Ojai,California）教催眠課時做的。我在上課時會挑選一位學生進行催眠示範，我從來不會預先知道是哪位學生，對於要在一大群人面前示範，我也總會擔心。我不知道會發生什麼事，而對個案來說，這也不是理想的催眠環境。我稱這樣的場合為「金魚缸」，因為沒有隱私可言，而且個案也會緊張。催眠是在全班的面前進行，什麼事都有可能發生。然而，催眠示範通常都會驚人地成功，雖然我從不知道會獲得什麼資訊。偶爾，我挑中的學員會是難纏的個案，我必須花很多工夫要很努力讓他們進入某個前世。這樣的個案常是「左腦人」，換言之，「控制狂」。我示範催眠是為了讓學生們知道如何實際使用這個技術，並且了解這個方法使用起來有多簡單。在這類情況，學生說他們喜歡看我處理困難的個案。他們認為，比起簡單的個案，從困難的案例他們可以學到更多。以下就是我請貝琪上台進行催眠示範時發生的事。

當她從雲端下來，她只看到一片漆黑，然後是令她困惑的影像。她的左腦很努力想知道為什麼她沒有發現東西。（對於那些說個案是在編造故事來討好催眠師的懷疑論者，我向來這麼解釋：如果個案要編造故事，那為什麼她在什麼都沒看到時沒這麼做呢？）過了一會兒，貝琪開始看到雜亂而不連貫的畫面，接著是她這一世的早年情景。有趣的是，那時的她是個嬰兒，獨自躺在搖籃裡聽著父母的爭執。我不放棄，一直堅持到終於突破個案的抗拒。在過了大約半個小時的混亂畫面後，我要她來到一個有重要事件並適合她觀看的場景，我們在這時突破了左腦的防線，成功進入某個前世。

貝：我像是修女。我跟一群婦女住在一起，我們在研讀書籍。我們研究教義。我們在法國，研究帶來的教導。我們不常出去。我們害怕外出。

朵：你說你像修女？

貝：對。我們是一群很聰明的女性，我們研究拿撒勒人耶穌對不可知論的教導（agnostic teaching）。

朵：你說這些教導是你們帶來的？

貝：對。我們離開了那個地方……他被釘十字架的地方。

朵：所以當他被釘十字架時，你們在場？

貝：我在那裡。我和其他人在那裡，我們看到事情的經過。我們都在那個地方。我們知道那件事會發生。他曾是我們的老師，我們很愛他。

朵：所以你們這群女性當時跟著他學習？

貝：對，我們是他很特別的學生。

朵：你看到他發生了什麼事嗎？

貝：有，他被釘在十字架上，我看見整個過程。我試著不去看。後來我們不得不離開，我們必須把教導帶到別的地方。他告訴我們必須這麼做，所以我們聽從他的話，要不然這些教導就會失傳。他們（指掌權者）也在找我們，因為他們知道我們，知道我們是他很特別的門徒，所以我們必須趕快離開。在處理好他的肉身之後，我們迅速離開，去了法國。

朵：要不然你們就會有危險？

貝：一定的。我和一些人都會有危險。要算關聯的話，我一定有，但主要是帶領我們的那位。

朵：你們是怎麼去法國的？

貝：我們走路。嗯……部分的旅程是用走的。很長的旅程，走了好久。我們走了好長一段路。

朵：你們都待在一起嗎？

貝：我們都待在一起。

朵：你們是怎麼找到現在居住的地方？

貝：已經安排好了，我們只要跟著知道的那個女子……我們的領導者。她知道，然後有一個帶路的男子，他也知道。都已經準備好了。我們知道會發生這樣的事，於是我們帶著教導離開。

朵：這些教導是靠你們的記憶嗎？

貝：是寫下來的。很多都寫成了文字，我們後來又寫了更多。我們必須保護這些教導。這很困難。那是掌權者很想要的東西，我們必須保護它們不被毀掉而失傳。他跟我們說的東西跟他對別人說的不一樣。我們學到的比別人多。在別人看來，這些是神祕教義。

朵：這些教導跟男門徒學的不一樣嗎？

貝：不一樣，因此他們很嫉妒他教我們那些事，他們不想我們有這些教導，他們認為我們是女人，如果我們知道，那他們更該知道才對。當然，你也知道他們就是那樣。

朵：是的，我了解。那是為什麼他們嫉妒你們這個團體的原因？

貝：沒錯，尤其是嫉妒我們的領導者。他們很看不起她。他們表面上裝得愛她，但內心完全不是那麼回事。

朵：男門徒離開的方向跟你們不一樣嗎？你知不知道？

貝：我是知道有些男門徒跟我們一起走，但不是我們害怕的那些人。那些人留下來，走他們自己的路。他們的工作分配不一樣。他們的工作是要將口傳的教導，透過口述傳播給更多人知道。那些寫下來的內容很珍貴，這些教義給了我們。我們離開後繼續研讀，而他在復活後也來了。祂來到法國我們住的地方探視我們。

朵：誰去了你們的地方？

貝：耶穌。他們叫他耶書亞（Yeshua）。他來了。

朵：在他被釘在十字架上之後？（對。）他以靈魂還是肉身出現？

貝：靈和肉身。

朵：靈魂與肉身一起？

貝：一起，是的。他以他的肉身短暫出現，教導我們之後就離開了。他離開了，但我知道他，他也知道我……不是很正式……不是深刻的關係，但他是我的老師。

朵：他離開你們之後有去別的地方嗎？

貝：是的。他回去他的天父那裡。但他來了好幾次。

朵：來確定你們在做該做的事？

貝：對，問我們問題並留給我們更多的教導。然後我們再把這些教導寫下來。沒有人知道這件事，我想沒有。我不認為有任何人知道。

朵：那麼這真的非常秘密。保護這一切對你們來說是很珍貴的事。

貝：是的，沒錯。我們很榮幸，我們離群索居了很多年，從不出去跟外人打交道，我們的領導者也一樣。多年來，我們遠離所有人。我們想跟他一樣。我們認為我們可以跟他一樣。我們知道我們可以，因為他說我們可以做到。他想要我們也當老師，但我們不能跟男門徒一起。你知道的，他們不會允許這樣的事，所以我們來這裡。

朵：這是很好的決定。

貝：對，我們也這麼認為。

我決定移動貝琪去那一世的一個重要日子，這是找出更多資料的方法，要不然她會一直停留在她們住的地方。

貝：這天我們試著出去，結果發現他們（指掌權者）仍然……我們聽說他們仍然在找我們。我們以為我們可以找到一些女性……帶其他女性進來我們的團體。我們這群人越來越少了，我們需要也想用自己的方式來傳播教義。

朵：你們團體的人在逐漸死去嗎？

貝：對，她們相繼死去，大概只剩五或六個人，所以不讓教導失傳很重要。必須有其他人知道這些教義。於是我們出去了，但我們發現情況並沒有什麼改變，很多人還是不知道我們知道的事。

朵：你們決定怎麼做呢？

貝：我們決定必須把這些教義放在某個地方。不是只在我們的地方，因為我們總有一天會死去，到時就不會有任何人有這些教義了。因此我們安排把這些教義帶出去，埋起來。我們得到一些男性門徒的幫助。我們想保護這些教導，我們信任這些男門徒。他們是朋友。你知道的，並不是所有門徒都一樣。我們就有些朋友對我們有不同的看法。很多男門徒想跟我們一起研讀這些教導，但當然了（笑），在那個時候不可能。

朵：你們把東西埋在哪裡？

貝：我們拿出去埋在好幾個地方，不只是法國。有些埋在離我們住得很近的地方；有些送回他被釘十字架的附近，我們把它們埋在非常靠近那裡的海邊。

朵：你們埋東西的地方，你們團體在的地方……是靠近城市還是鄉鎮？

貝：好……那是……勒杜斯（Le Deuce）……勒布朗（Le Blanc）？類似或接近這個名字。

朵：那是你們住的地方的地名？

貝：對，靠近城市。我們事實上是住在一個聖堂，一個老教堂。附近還有其他騎士在那裡保護我們。

朵：所以你們埋藏教導的地點是靠近那個城市？

貝：有些是埋在附近，是的，有些是騎士拿去埋在別的地方。

朵：我認為你們想保護這些東西是很好的事。保護知識是好事，不是嗎？

貝：那是歷史上極其重要、珍貴和永恆的教導。它教導我們方法，通往上帝的方法。那是我一直想要的知識，認識他是我的榮幸。能在他的光裡並散發那個光、教導他的教義，我感到很榮幸。

朵：你做得很好。

貝：我也這麼認為。

朵：你們確實努力在保護這些教導。

貝：是的。然而沒有很多人聆聽，在我們住的地方沒有，但我想他們會很好的。……我想要教導大型團體，可是那不是我那世註定要做的事。不過我們在那一世做了一些很重要的事情，而我喜歡做重要的事，很重要的事。你知道有些人看不出什麼是重要的事，但我可以。我知道什麼是重要的事。我能立刻看出來，這是我擅長的。

我認為我們已經從這位過著與世隔絕的隱居生活的女性獲得足夠資料，瞭解了她的一生，於是我將貝琪移動到那一世的最後一天，並問她發生了什麼事。

貝：我躺在床上，姐妹們在我身邊。她們現在很老了。我們都老了。（笑聲）我們活了很久，我因為失去許多相伴的姐妹而難過。我是最後幾個還在世的。我現在在回想我的一生。我想著祂，想著未來，想到那些教導的偉大。要是其他人能知道該有多好。人們並不是他們表面看起來的那樣。他們不是他們現在所被教導的那樣。教導裡的美好已經失去。

朵：你們之前有教導過一些人，不是嗎？

貝：對，但不夠……不夠。不是**真正的**教導，只是表面的東西，只是那些他們能懂的。沒有人了解那些教導的深度。這就是問題。我們必須保護這些教導，不受到那些無法明白和理解的人的傷害。

朵：你們沒能照你們想要的那樣去傳播這些教導。

貝：對，我們只得把它們埋起來。不過有一天，有人會發現它們。它們將被教導，而那是我的工作。

朵：所以那些教導沒有失傳。

貝：對，沒有失傳。我因為知道這點而死得沒有遺憾。我的人生已經圓滿。我做得很好。我很開心。雖然我很孤單，但我不會要我的人生有任何不同……我本來希望能認識更多的人。我好孤單……獨自一個人和這些教導。

朵：我認為你做得很好。你努力了。

貝：謝謝你。我真的努力了。

我移動貝琪到「另一邊」的靈界，她脫離身體後去的地方。我問她能否看見自己的身體。「我可以從很遠的地方看到。我現在正在飄走，慢慢飄走。」

朵：每一世都有一個課題。當你看著那一世，你覺得你學到了什麼？

貝：我學到了教導裡的愛，學到了那些教導必須被保存和隱藏起來。還有上帝就在我們的心裡。不論現在的基督教是怎麼教導，我知道事實，而事實並不是他們所說的那樣。事實也不同於他們所做的。我現在知道了。

朵：你認為這是你在那一世學到的？

貝：我知道這些教導一直在我心裡。我學到了上帝說的一體。我瞭解了如何教導，以及那些教義離開我們手上之後發生的事。沒錯，我學到了這些。

朵：你要怎麼使用你學到的課題？那是重要的一課。你現在已經不在身體裡了。你有什麼想法？

貝：我要保護真相，確定真相被保存下來。我要其他人也跟我一樣，發展靈性，因為我知道真相，有關我們是誰的真相。

接著我請她飄離那一世並召喚潛意識。我問潛意識的第一個問題是為什麼選擇那個特定人世給個案觀看。

貝：因為她懷疑自己。她懷疑自己是誰。她疑惑而且害怕。

朵：她害怕什麼？

貝：她害怕跟別人不一樣。她生氣她的家人從未看出她的不同，就算有，他們也不支持。她的母親努力過，但沒用，效果不好。她母親假裝讓貝琪各方面嘗試，但她沒有看出貝琪跟別人的細微差異，然後加以栽培和教育。貝琪需要更多教育。她非常生氣，氣沒有早些培養能力，要不就能為這個世界做些事了。比她這世所能做到的要多。太辛苦了……對她來說很辛苦。其實不需要這麼辛苦的。

朵：是她自己讓事情變得那麼辛苦嗎？

貝：嗯……我想她特意來到這一世並被給予了清理業力的環境。她從一開始就知道自己是誰。她逃離不了必須償還的業，她試著調頭，然後做這做那的。當然，沒有一項會成功，因為那些不是**我們的**意願。那些不是她要做的事。她從來不喜歡合約這個想法，你知道的，她不想非得去做什麼不可。她想繼續做她做的。

朵：她的合約是什麼？

貝：幫助她生命裡的那些男性找到自己，瞭解他們自己；有時候是幫助他們看到他們本身的弱點，然後離開；她必須知道她不屬於那裡並繼續前進。他們只是必須一起結束他們的業，而這對她來說十分折磨。她對這些男人感到氣憤，因為她不能再繼續下去了。她知道自己必須走的路，但她必須先處理這些。第一個男子是她必須完成的事。可憐的孩子，她受苦了。噢，天哪，那個男的還真是不一樣，他不知道從挪威哪個石頭蹦出來的，我們向來這麼形容他。（我們都笑出聲。）他「很有個性」，跟他住在一起把她嚇壞了。他長期毆打她，她卻還一直回去挨打，就因為身為基督徒，她要維持婚姻，忍受下去。她的罪惡感使她留在婚姻裡。而他一再施暴，她還醒不過來。她留在那個婚姻太久了。他都要把她打死了，但她總算看清並脫離了那段婚姻。他最終接受她的離開，繼續自己的生活，如果想責怪誰的話，她也只能責怪自己，但她是可以早點脫身的。我知道她想知道那個業是否了結了，她不想帶著那個業回來，我可以理解她這麼想。我們會說那段已經結束了。結束了。她離開了那段婚姻，這樣做很明智。她必須經歷跟他的那段。她也必須經歷另一段……第二位，丹尼斯。他們之間沒有業力，純粹是要相遇。丹尼斯必須成長繼續他的人生。而貝琪必須學會看出這幾個軟弱的男子在阻礙她，使她退縮不前。

朵：跟她有情感關係的這些人在她的其他世出現過嗎？(有，有。)所以他們之間有業力糾葛。

貝：對，他們必須結束這些業。然後，是的，還有一位音樂老師，她生命中的摯愛之一。當然，他們沒能結婚，但這是另一個課題，你知道的，依戀，執著。她無法看清自己是誰，由於她有個前世跟音樂相關，突然間，她認為她應該當個歌劇演員，我們無法說服她那不是她該走的路。她在那裡待了太久。噢，天哪！她的嗓子終於啞了；我們不得不把她的聲音拿走，好讓她離開那條路，但音樂老師很愛她。接著，當然，還有另一位，最後那位。我們甚至不想談到他。……最終，她找到了伴侶。這一位是需要伴侶的人，因此她找到了合適的對象。

潛意識接著討論貝琪這生與母親一直存在的問題。這些問題都還在持續，然而是放下的時候了。

朵：你們知道貝琪對形而上學（玄學）的教導很有興趣。這個興趣是來自你們給她看的那一世嗎？

貝：是的，她許多世都是這樣。她對其他宗教也很有興趣，她向來很投入，是核心份子，身邊是偉大的導師。在釋迦摩尼佛那個時代，她是佛陀出家前的妻子的友人，因此得到他的教導。她也曾在默罕默德的時代，但她是追隨者，不在他的生活核心圈裡。

朵：看起來她的命運一直是學習並傳遞古代的知識。

接下來，潛意識開始討論貝琪對古代教導的著迷，她如何跟著一個又一個的老師，吸收儘可能多的知識。「我們有好多的知識要給她，她的能力可以學習更多。是往前走的時候了。這些教導非常重要，她接觸了一些喜好這些古老智慧與教導的同好，但沒有多少人會花時間去研究這些東西。在這些書當中，只有兩或三本是一般人能夠理解的。」我提起這個情況跟剛剛催眠看到的那個前世類似；她找不到什麼人來傳承知識。我接著決定請潛意識療癒貝琪的身體，她有許多身體問題和症狀。過去四十年來不斷惡化的疼痛，使得她不得不服用大量的止痛藥物。由於她有背部的問題（脊椎側彎和椎間盤退化），她的疼痛幾乎是遍及全身。她的骨盆（有旋轉和骨盆底肌受損現象）、髖關節、膝蓋、腳踝、手腕和肩胛骨都有問題。她自童年起就有嚴重的過敏和氣喘。除了上述問題，貝琪因為眼疾和高血壓而服用許多藥物。由於有這麼多的健康問題，我認為請潛意識掃瞄她的身體對她來說會是最好的做法。

貝：她需要這個身體被療癒。她期待好久了。她不曉得要怎麼連結我。我認為她之所以無法跟我建立連結是因為藥物讓她的腦子昏沉。我們試過了。我們在她哀求和詢問時試了，但她連結不上。我們無能為力。藥物絕對影響了我們傳送光給她，光原本能救她的，能立刻療癒她。

朵：可是在現在這個催眠狀態，你們能幫上她，不是嗎？

貝：她能得到幫助，我們也想幫她。我們想這麼做很久了，所以讓我們開始吧。

朵：她現在無法抗拒你們。

貝：噢，對，她在我們想要她所處的最適合的狀態了。我們要從頭到腳好好地掃瞄她，看看哪裡有問題。

朵：我把這個程序稱為身體掃瞄。

貝：沒錯。我們會讓光從頭到腳通過她的身體，這樣我們就會找到我們沒發現的問題。我們想帶來一種技術。這個光的技術將會是新時代的療癒新法。宇宙兄弟有這個技術，你知道的。

朵：我並不知道。

貝：一切都屬光，一切都是光。我們只是需要學習集中注意力，學習如何聚焦在光。……我們要從頭頂開始了。我們會在這個部位停留一段長時間，對她的大腦工作。我們會用光經過她腦裡的每個分子，清除所有毒素。那些東西讓她的腦袋不是很清楚。

在其他的案例，潛意識常說它們在為個案的大腦重新接線。這可能就是它們的做法。我因為好奇，總是會請潛意識解釋是如何進行療癒，而且當個案之後聽錄音時，這對他們也有幫助。

貝：我並不用集中注意力。我現在有這個儀器，它可以開啓這個光能量。它能夠突破那些必要的頻率並用光來平衡。這很難向你們解釋，不過在進行了。

潛意識接著處理她的胸腔，它們對於她的過敏和藥物的影響感到驚訝。「你們不會相信的。拉斯維加斯（貝琪住的地方）不適合她。當她母親離世後，她需要儘快離開。我們必須讓她離開那裡。她的身體很敏感，主要是因為她在別的星球待了很久。我們有兩種處理方式：我們能使她的身體不對過敏起反應，這是**我**偏好的方式，這樣她就可以去任何地方；或者我們可以使她不對那些會造成她過敏的特定地方起過敏反應，如果她想繼續留在那裡的話。」

朵：你們就用你們喜好的方式去做吧。

貝：嗯……我想要除去**所有**的過敏反應。你知道的，我們花了好久才把她弄到這裡，必須做對才行！（笑）

朵：你們做你們想做的。聽你們的。（笑）

它們也提到她正在使用的鼻噴劑會有反彈效應。停用後，症狀就會復發。潛意識修復了損害，不過她必須要有耐心，讓鼻子適應不再使用噴液劑呼吸。接下來潛意識來到她的肝和腎，它們看到許多堵塞，於是做了排毒。接著它們處理骨盆區周圍。

貝：她這裡動了兩次手術，我們必須全部拆掉，這部分不容易處理。醫生們把手術搞砸了，她日後的生活會很慘，有可能失禁。開刀手術是古老和原始的方式。我的天！

朵：他們想再動一次手術。

貝：不要，真是胡鬧。處理這個對我們來說很簡單。

接著它們處理和修復貝琪身上的所有關節。「現在有麻刺感，我很確定她能感覺到。」她的松果體問題造成她睡眠困擾，她也在吃這方面的藥。潛意識絕對是要她放棄所有藥物，因為她在吃憂鬱症的藥物，而潛意識不用我要求就處理了這個問題。「我們處理好了，她現在沒事了。這是來自累世身為女性被壓抑的結果。你知道的，女性整體承受的命運累積了許多需要處理的業，一段時間後一定會感到沮喪。她絕對是把沮喪帶到了這世，然後沒有父愛又惡化了這個問題。我們處理了那個問題，也已經平衡了。現在我們必須處理她的背了。」

貝琪的背是她想處理的主要問題，不過潛意識覺得要先修復其他地方。現在總算輪到背了。貝琪生來就是脊椎側彎。

貝：這個問題來自她是非洲婦女的某世，那個時代的女性都要背負很重的籃子。這個問題從那世開始，並延續到後面幾世；她的背曾因意外和戰爭而受傷。有一次戰爭，她的背骨折斷，在那個時代，他們無法修復，因此這個問題就一直留在她的記憶裡。

朵：她現在不需要這些記憶了。

貝：對，她不需要。當她發現自己可以站得很挺直時，一定會大吃一驚，她會很開心。她好奇自己會不會感受到療癒的感覺，她現在有感覺到什麼了。這是能量在校準。我們會繼續。背部不容易處理，我們在努力讓她不要用藥，所以我們不想這個問題很久之後才處理完成。也許我們現在就療癒它。如果沒有馬上把背拉直，她就不會感覺到痛。可是痛會消失的。我們會比較想花上幾個月矯正背部，因為這個對我們來說有難度。很花功夫。

朵：我知道你們的能力可以到什麼程度。

貝：是的，我知道你知道。（我們都笑了。）好，我想想。

朵：你們覺得怎麼做最適合，都好。

貝：嗯……好，我認為如果貝琪能夠看到奇蹟發生，對她來說會非常好。（沉默）

朵：你們現在在做什麼？

貝：我現在在看著一個三角形，同時修復她的背。她的骨盆已經旋轉，所以要花點時間讓它重新平衡，讓身體重新適應脖子、肩膀和平衡後的改變。我認為我們今天已經做到很多奇蹟了，她會很驚喜，就算真需要藥物，也不需要那麼多了。她真的需要去找她的醫生，慢慢停止用藥，這不難，這是最重要的事。不會再有疼痛了，也不會有通常你們會經歷的所有戒斷症狀。她的身體會習慣沒有那些藥物。我想說的是她不會有任何疼痛，也許會有反胃的症狀。我想今天這樣可以了，我們會繼續做。就算我不在這裡，治癒也會持續下去，所以如果你們想完成剩下的部分，你們可以繼續。

朵：嗯，你知道我們正在上課，對吧？

貝：喔，是的，沒錯。

朵：對學生來說，學習這個很重要，不是嗎？

貝：我希望我們有帶來一些啓發。我希望他們有學到些東西。

朵：我們想教他們，這樣他們之後就能自己操作。

貝：是的，我們會很開心跟他們一起做療癒的工作。是的，這世上需要更多的療癒者，那就讓世上多些療癒者吧。

朵：避開手術。

貝：噢，天啊！別提那兩個字。（我們都笑了。）我們已經移除背部的所有不適，就是這樣！我今天已經處理了很多問題，但在她晚上睡覺時，我們會做更多，她的椎間盤會釋放得更多，更放鬆。我們在她睡眠的時候療癒她的背是因為背很敏感。整個身體系統，整個脊髓液、腦脊髓液都跟背部有關。

朵：沒有意識心妨礙，你們就可以不受干擾的做事。

貝：對，這樣非常好。

朵：你們說把背拉直要花上幾個月的時間？

貝：我現在認為不會那麼久，因為我剛剛處理過她的身體。謝謝你給我較多的時間。我想她等一下會很驚訝，她會注意到不同。

朵：太好了！這樣她就會相信了！

貝：這就是我們要的。信念非常重要，而她對這些，你知道的，她對這些深奧的方法就是有點障礙。……只相信你自己真正相信的事，而不是因為有人要你相信。你相信的必須是你知道的事。她將會煥然一新了。

朵：她原本準備好要離開這個世界，但時候還沒到，對吧？

貝：對，她的人生才剛開始。

★ ★ ★

臨別訊息：她很擔心自己沒把工作做好。她非常擔心，因此又做這又做那的，她也擔心自己回到「另一邊」時，我們會對她感到失望。不會的，她做得很好，每件事都很好。她需要擺脫罪惡感，她要知道我們愛她。我會無條件的愛她。她不會做錯什麼的，我們需要更多像她一樣的人。她正在為宏偉計畫盡自己的職責。她聽從她的高我，她正在實現她的人生目標。

★ ★ ★

貝琪從催眠狀態醒來後，下了床，她很驚訝自己居然不痛了。她也立刻注意到自己能站得更挺直。接著，她坐在地板上做了幾個瑜伽姿勢給同學看。她笑得好開心，她說自己已經好多年沒辦法做這些姿勢了。

★ ★ ★

根據史杜華・威爾森（Stuart Wilson）與喬安娜・潘提絲（Joanna Prentis）所著的《抹大拉——不為人知的女門徒們》（*The Power of the Magdalene — The Hidden Story of the Women Disciples*），抹大拉的馬利亞在耶穌受難後離開以色列，搭乘亞利馬太的約瑟（Joseph of Arimathea）的船隻，與同伴在法國南部上岸，當時那裡被稱為高盧（Gaul）。書上說，那時候離開的門徒人數，男女相當，七十二個男門徒，七十二女門徒，總共一百四十四位門徒。抹大拉的馬利亞是最初的十二位女門徒之一。這會不會是貝琪在催眠時所提到的她所屬的團體？史杜華在書裡把諾斯底教派（Gnostics）（譯注：也稱靈知派）定義為組織鬆散的運動，在基督教初期時很活躍。諾斯底教派相信在深刻知曉，也就是靈知（Gnosis）的神祕狀態下，知者（knower，指擁有諾斯底秘傳知識的人）和上帝合而為一。

教會仍對諾斯底教派的動機和見解有許多爭論。

★ ★ ★

位於法國南部天主教弗雷瑞斯——土倫教區聖博姆的聖女瑪麗·德蓮（Saint. Marie-Magdalene）（譯注：即抹大拉的馬利亞）的遺物

＊感謝永恆世界電視網（Eternal World Television Network）提供以下由迪肯·伯格曼（Deacon E. Scott Borgman）譯自法文的文章

西元一世紀時，來自東方的基督徒便已在普羅旺斯地區傳播福音。傳統上稱他們為「伯大尼之友」，也就是我們所知的拉撒路（Lazarns）、馬大（Martha）和抹大拉的馬利亞（譯注：伯大尼是耶穌使拉撒路從死裡復活的城鎮）。據說他們是經由以下方式來到法國南部：

聖雅各在耶路撒冷被處決後的隔年，基督徒受到的迫害更為嚴重。拉撒路、馬大被囚禁在監獄，抹大拉的馬利亞想探望他們，卻與伯大尼的聖馬克西曼（St. Maximin）、聖馬塞拉（St. Marcelle）、聖蘇撒納（St. Susan）和聖希多尼烏（St.Sidonius）等其他基督徒成員一起入獄監禁。

猶太人害怕處決他們會觸怒群眾，於是將他們放在一艘沒有帆和舵的船上，由大船拖離岸邊，把他們遺棄在外海漂流。他們在船上唱誦祈禱，後來船漂流到高盧一帶的海岸，他們在一處叫桑泰斯—馬里耶德拉—梅（Saintes Maries de la Mer，譯注：現名爲濱海聖瑪麗，現今的法國南部海邊）的地方上了岸。據了解，他們在海上漂流的速度不可思議的快速。

他們經由陸路到達馬賽（Marseille），在那裡受到了熱烈歡迎。他們宣講福音，拉撒路也以主教身分為許多人施洗。後來抹大拉的馬利亞到人跡罕至的山上洞窟裡隱居，省思懺悔度過餘生。馬大則去了亞維儂（Avignon）和塔拉斯孔（Tarascon）。抹大拉的馬利亞逝世的地方靠近帖固拉塔（Tégulata，也就是聖馬克西曼），她的石棺在那裡被發現。當聖馬克西曼大教堂進行地下挖掘過程時，還發現了西元一世紀時以磚瓦所造的墳墓。

當初抹大拉的馬利亞是這樣被埋葬，然後在西元七百一十年移到大理石石棺的嗎？也許吧。重要的是傳統確認了這一點。聖博姆（Ste Baume）是自早期世紀就受到基督教崇敬的地方。早在撒拉森人（Saracens）入侵並破壞普羅旺斯（譯注：撒拉森人是基督徒過去對參加反基督教宗教戰爭的穆斯林的稱呼），修士們將某些遺物帶到勃艮第（Burgundy）的維澤萊（Vézelay）避難期間之前，信徒便已持續來這裡朝聖。

拉撒路、馬大和抹大拉的馬利亞出現在南法被認為是真實的事，而且是法國神聖的歷史。東方和西方的基督教世界也都承認這點。歐洲各國的人絡繹不絕地前來「耶穌的神聖友人」墓地朝聖和緬懷。

第二十五章 尾聲

如同我在序中所說，這些並不是新的知識。這些是新的舊知識。幾千年來它一直在這裡，但它是保留給奉獻一生去瞭解和教導它的少數人。由於知識就是力量，掌權者通常對於他們不瞭解的任何人或事物感到威脅，於是不擇手段地想要取得這些知識，許多人因此被拷問、折磨和殺害。現在這些靈魂有很多已回來地球，為的是幫助人類和這個星球往前邁進。他們的使命是確保以前的錯誤不再發生，不再重蹈覆轍。許多技術、能力與知識現正回到對這些資訊抱持開放心胸的人的生活，以便他們使用並幫助所有人。這是為什麼有這麼多人受到光行者的療癒工作的吸引，或是在從事助人的職業。絕大部分來找我的個案都能歸屬到上述類別。

生活在這個時代是令人振奮的，因為我們的家，這個星球，正要進入另一個次元。這一切都跟頻率和振動有關，而人們正以驚人的速度覺醒中。有時候這可能令人困惑或感到混亂，但我們都是簽了約，要在這個時候在這裡的。我們絕不要忘了，是我們自己選擇了要在地球，而且我們在這裡是有原因的。

書裡的這些催眠療程只是少數的例子，說明我們回到地球**提醒自己是誰**、**我們能夠做些什麼**，還有**我們該做什麼**。這些知識再也不是只為少數被揀選的人，而是為了我們全體。當我們都能覺醒並提升振頻，我們就是在幫助彼此和我們的地球完成她提升頻率，完全進入另一個次元的使命。

我持續得到越來越多有關我們靈性知識的遺產以及我們為何在此的資料。為了我們所有人的學習，我會繼續盡我的職責，挖掘這些被隱藏的神聖知識。

免責聲明

本書作者不提供醫療建議，也不指定使用任何技巧來醫治生理或心理問題。書內所有的醫療資訊，皆取材自朵洛莉絲·侃南對個案的個別諮商和催眠療程，並非作爲任何類型的醫療診斷之用，也不是取代醫師的醫療建議或治療。因此，作者和出版者對於個人如何詮釋這些資訊或對書內資訊的使用並不承擔任何責任。

書中這些催眠個案的身分與隱私已受到最大保護。催眠進行的地點與事實相符，但書裡僅提及個案的名字，不透露姓氏，而名字也已經過更改。

宇宙花園　先驅意識 17

探尋神聖知識的旅程——從未失落的光明〔下〕

The Search for Hidden Sacred Knowledge

作者：朵洛莉絲・侃南（Dolores Cannon）
譯者：Stephan・梅西爾
初稿翻譯：裴悌書
編輯：張志華　內頁版型：黃雅藍
出版：宇宙花園有限公司
通訊地址：北市安和路1段11號4樓
網址：www.cosmicgarden.com.tw
e-mail：service@cosmicgarden.com.tw
總經銷：聯合發行股份有限公司　電話：(02)2917-8022
印刷：鴻霖印刷傳媒股份有限公司
初版一刷：2022年8月　定價：NT$　399元
ISBN: 978-986-06742-2-4

國家圖書館出版品預行編目資料

探尋神聖知識的旅程——從未失落的光明〔下〕
朵洛莉絲・侃南（Dolores Cannon）著；
Stephan・梅西爾 譯 -- 初版. -- 臺北市：
宇宙花園, 2022.8　面；公分—（先驅意識；17）
譯自：The Search for Hidden Sacred Knowledge
ISBN：978-986-06742-2-4（平裝）

1. CST：輪迴　2.CST：催眠術

216.9　　111012627